Herbert Somplatzki

# schrumpfstory 5.0

Megalit-Verlag

Die Deutsche Nationalbibliothek verzeichnet diese Publikation in der Deutschen Nationalbibliografie; detaillierte bibliografische Daten sind im Internet über: **htp:/dnb.d.de** abrufbar.

**Megalit-Verlag** - Drevestraße 83, 57392 Schmallenberg 2014
Tel/Fax: 02972-921 461



Titelgestaltung: Herbert Somplatzki
Layout/Grafiken: Herbert Somplatzki
Lektorat: Gerlinde Bahr
Herstellung: BoD - Books on Demand, Norderstedt
ISBN: 978-3-932037-11-5

„Das Leben ist zu kurz
für lange Texte“

*Harry Pross*

Megalit-Verlag

# Inhalt

**Klaus Peter Wolf**

Lieber Herbert.

Es ist mir eine Ehre.

Ich war ein junger Schriftsteller und wurde zum Verleger des ersten wirklich Autoren eigenen Verlags in der Bundesrepublik gewählt. Dreizehn Schriftsteller besaßen Anteile. Im Gesellschaftsvertrag stand, dass niemand große Gewinne erwarten solle, denn es ginge hier darum, gute Bücher zu produzieren und nicht, hohe Renditen zu erwirtschaften.

Wenn ich das heute lese, frage ich mich, ob man mit so einem Gesellschaftsvertrag nicht mit einer Zwangseinweisung rechnen müsste ... Damals ging das alles. Wir wollten den Bertelsmännern zeigen, wie man Bücher macht und ich war als eine Art Trüffelschwein unterwegs, wollte Neues entdecken und der literarisch interessierten Welt präsentieren.

Einer der ersten Autoren, auf die ich aufmerksam wurde, war Herbert Somplatzki. Seine Schrumpfstories faszinierten mich vom ersten Augenblick an. Da gelang es einem Autor, durch Reduktion präzise Sprachgebilde herzustellen, die ein Aha-Erlebnis im Leser auslösten. Manche seiner Schrumpfstories hatten mir mehr gegeben als fünfhundert Seiten dicke Romane. Herbert brachte es auf den Punkt und ich hatte die Ehre, sein Lektor und Verleger zu sein.

Den literarischen Verlag, dessen Geschäftsführer ich war, gibt es schon lange nicht mehr. Aber Herbert Somplatzki mit seiner poetischen Kraft ist immer noch da. Wie gut!

Es grüßt Dich ganz herzlich

Klaus-Peter

# Kapitel 1

## die schrumpfstory von hänsel und gretel

### *sowie weitere geschichten mit ähnlich bekannten titeln*

*pechmarie*
*die 7 raben*
*schneewittchen*
*der froschkönig*
*rotkäppchen*
*hase und igel*
*der wolf und die 7 geißlein*
*zwerg nase*
*frau holle*
*der gestiefelte kater*
*dornröschen*
*rapunzel*
*aschenputtel*
*rumpelstilzchen*

## hänsel und gretel

können sie französisch, fragte hänsel die alte hexe.
nee, sagte die.
aber goethe haben sie doch gelesen?
auch das wurde verneint.
spielen sie denn wenigstens ping-pong?
die hexe spielte nicht einmal ping-pong!
hexen kann sie ja jede menge, meinte gretel, aber keine bildung!!
da wurde die hexe aber böse!!!

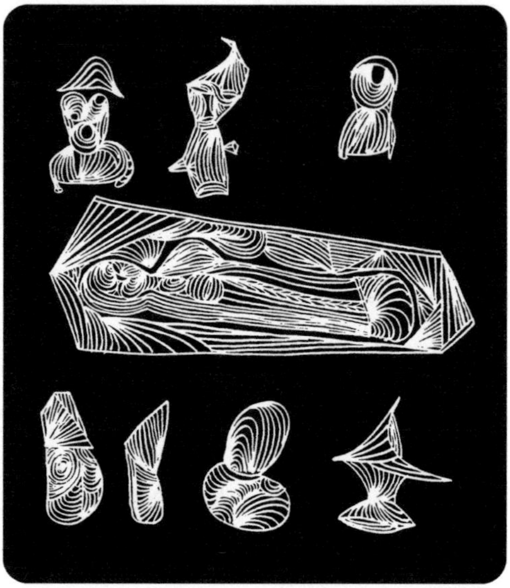

## schneewittchen

der jüngste der sieben zwerge hieß ätschobalthasarpaulheinzwilli und er wurde schneewittchens leibzwerg.
schneewittchen hatte unzählige wünsche: ätschobalthasarpaulheinzwilli hier - und: ätschobalthasarpaulheinzwilli da!
vom vielen hin und her hatten sich seine beinchen bald soweit abgenutzt, dass sie kürzer als zigarettenstummel waren.
da machte schneewittchen: ätsch!
und nahm sich den nächsten zwerg.

## der froschkönig

es ist ein außerordentliches risiko, frösche durch küsschen in prinzen zu verwandeln! wer garantiert mir eigentlich, dass er einigermaßen passabel aussieht?
skeptisch betrachtete die prinzessin den dicken frosch: womöglich hat er die basedowsche krankheit!
aber bevor ich einen bürgerlichen eheliche, seufzte sie - und küsste ihn; denn adel verpflichtet!

## rotkäppchen

oma, fragte rotkäppchen, hast du ein neues gebiss? das alte war doch noch ganz gut, die paar jährchen hätte es doch noch gehalten. und wozu brauchst du eigentlich so lange zähne?
damit ich dich besser fressen kann!
ich glaub, ich bin im walde!!
das aber rief schon der jäger.

## hase und igel

macht der aber eine show, grinste der igel und deutete auf den hasen. dieser, seit einer stunde sich warmlaufend, machte gerade eine gekonnt-schwierige lockerungsgymnastik.

wie stehen sie zur modernen trainings-methodik, fragte ein fernsehreporter den igel.

der kroch in seine startfurche, drehte sein hinterteil zur kamera und sagte: so!

## der wolf und die 7 geißlein

der wolf hatte wirklich mühe, alle geißlein herunterzuschlingen.
nun lagen sie ihm schwer im magen.
er rülpste - unentwegt.
verzeihung, sagte einer, der des weges kam, sind sie auch magenkrank?
rülps-rülps, antwortete der wolf.
endlich jemand, rief froh der wanderer, mit dem man sich anständig über seine krankheiten unterhalten kann!

## zwerg nase

haben sie etwas zu verzollen?
der zwerg verneinte.
nachdenklich betrachtete der zollbeamte das sehr gut entwickelte riechorgan: folgen sie mir bitte, wir müssen ihre nase röntgen!
manche haben aber auch pech im leben, murmelte der zollinspektor hinterher: glatze, zwerg - haben eine wunderschöne nase und benutzen sie nur zum riechen!

## frau holle

und immer hübsch fleißig die betten geschüttelt!
warum?
damit schnee fällt! ich bin nämlich mit 50 prozent am umsatz der wintersportunternehmen beteiligt - der schnee muss gewaltig fallen!
marie nickte zwar, dachte aber: 50 prozent gewinnbeteiligung! und ich: noch nicht einmal mindestlohn! alte ausbeuterziege, deine aktien werden gewaltig fallen!!

## der gestiefelte kater

mein herr, sagte höflich aber bestimmt der schuhmachermeister heller, mein herr, sie haben entsetzliche schweißfüße!
ich-weiß, ich-weiß, miaute kläglich der kater, aber das kommt nur von diesen blöden gummistiefeln!

da dichtete heller:
in lederstiefeln eins-zwei-drei,
wird jedes pfötchen schweißfußfrei!
denn er war schuh-
macher und poet dazu.

## dornröschen

die üblen wünsche einer missgelaunten fee allein hätten nie zu dieser märchenhaften ohnmacht geführt!
niemals!!
doch man hatte dornröschen als kind zu heiß gebadet - sowas rächt sich!
prinzenküsschen hin - und prinzenküsschen her, die mund-zu-mund-beatmung war entscheidend! und die lernt heutzutage jeder prinz schon in der prinzen-grundschule!

## rapunzel

rapunzel, rapunzel, let your hair down! rief mike, sohn eines texanischen ölmilliardärs.
rapunzel, des englischen unkundig, fragte von oben herab: wie bitte?
ein weilchen redeten sie noch an einander vorbei, dann jumpte mike in seinen rolls royce: good bye!
so kam es, dass rapunzel mit einem prinzen vorlieb nehmen musste.

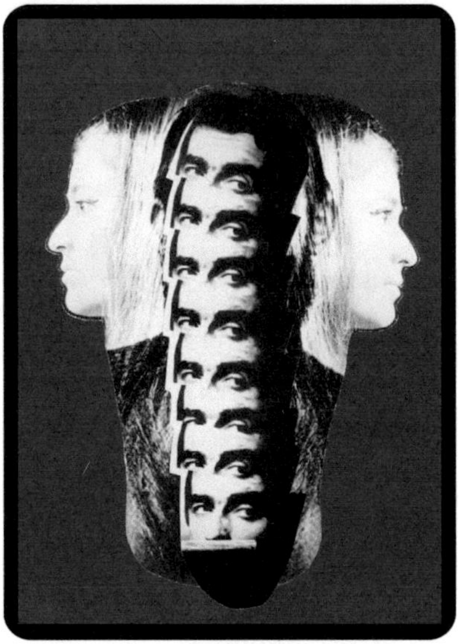

## aschenputtel

nach dem letzten klammerblues machte aschenputtel einen riesensatz zum Ausgang.
wohin so eilig? rief der prinz und versuchte sie zu haschen, erwischte aber nur ihren linken pumps - weg war sie!
nun wurde interpol eingeschaltet: rasterfahndung!
und das ergebnis kann man durchaus als märchenhaft bezeichnen!

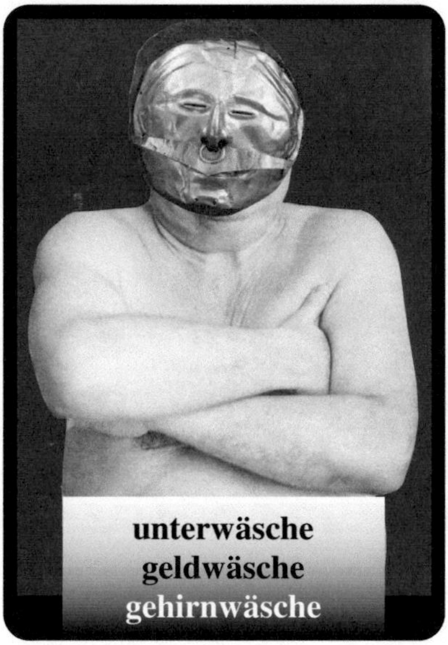


## pechmarie

ich bin der weiße riese und habe riesenwaschkraft!
bitte, flehte pechmarie, bittebitte mach mich sauber!
ich mache nicht nur sauber, ich mache sogar rein! und dann bearbeitete er marie, dass sie krachte und wimmerte.
pech gehabt, knurrte schließlich der riese, und pech können selbst waschechte riesen haben!

## die 7 raben

hallo johannes, krächzten die sechs wie aus einem schnabel, wohin?
nach burgsteinfurt, antwortete der jüngste.
burgsteinfurt?
genau! ich bin nämlich delegierter beim ersten europäischen schwarzarbeiterkongress geworden und heute ist kampfabstimmung, wegen der urlaubsregelung - also tschüss! und er flatterte davon.
wenn das mal gut geht, meinte kopfschüttelnd der älteste.

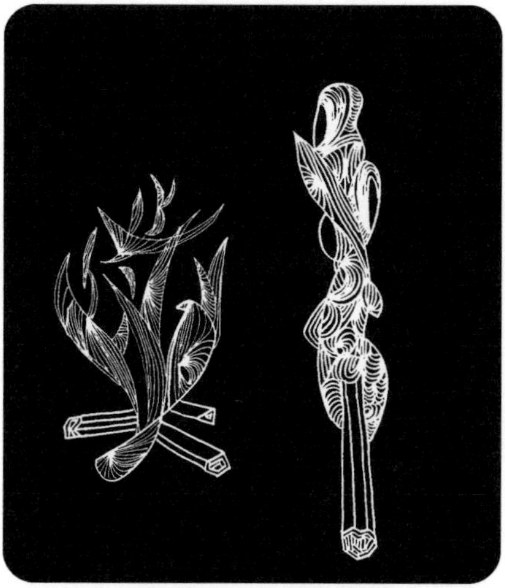

## rumpelstilzchen

zu dem zeitpunkt als rumpelstilzchen um das feuer im walde hüpfte - im schlusssprung: vorwärts-rückwärts-seitwärts - da war sein erstes und zweites signalsystem, nach pawlow, schon sehr schön durcheinander geraten.

oder meinen sie ihm wäre sonst ein derartig lächerlicher fehler unterlaufen? ihnen vielleicht, möglicherweise sogar mir! aber doch nicht rumpelstilzchen!!

# Kapitel 2

## die schrumpfstory von der schlafenden stadt

### *sowie weitere geschichten von liebe, kunst und dunkelblauen tränen*

*gesänge der nacht*
*opferung*
*elfas gesicht*
*liebe*
*niemandsland*
*von der sehnsucht*
*yaconta*
*erinnerung*
*dunkelblaue tränen*
*vom wasser aus*
*fremd*
*tristesse*
*nächtlicher ausflug*
*begegnung*
*schade*
*kunstverständnis*
*merkwürdig*
*unter der brücke*
*pudding im weltraum*
*gutes mädchen*
*volksvermögen*
*innerer dialog*
*herr sonnenklau*
*beneidenswert*

## sagenhaft

ein drachenmädchen das viele tausend jahre in sagenhaft schmachten musste, bekam eines abends, durch einen unterirdischen atomversuch, plötzlichen zugang zur realität.

als es dann, mit neutronenstrahlenden nüstern, über der nächtlichen stadt schwebte, die im tanz der geigerzähler friedlich schlief, da dachte es: wie lange wollen die noch schlafen?!

## gesänge der nacht

dreiunddreißig junge karawanenkameltreiber mit dreiunddreißig schöngewachsenen karawanenkamelen kamen eines abends an eine karawanserei und baten um ein nachtlager. es war aber daselbst kein raum mehr.
da lagerten sie sich vor die oase und sangen alte karawanenkameltreiberlieder. dreiundreißigmal dreiunddreißig lieder. jedesmal dreiunddreißig strophen.

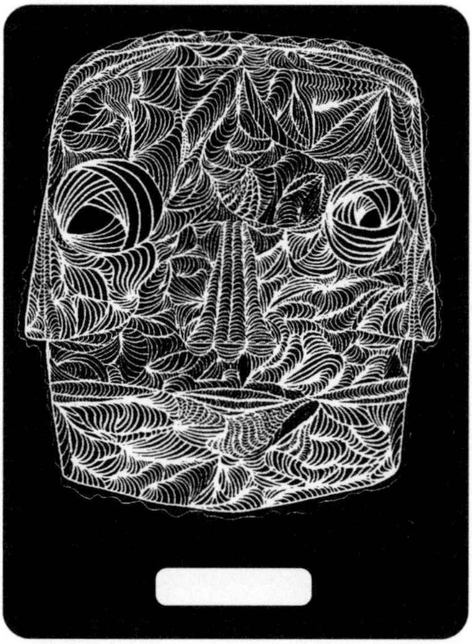

## opferung

sie verschlossen den fremden mund mit einem gedankengitter und trugen ihn zum hochhausaltar.
ein halbgott elfter größe prüfte das opfer, bestätigte den empfang - und notierte ihre bescheidenen angaben.
als sie sich entfernten, da vernahmen sie den seltsamen, unverständlichen klageruf.

## elfas gesicht

elfa hatte eines dieser seltenen gesichter, die man sehr lange betrachten muss, um ihre wahre schönheit zu entdecken.
wir kannten uns schon acht jahre, ehe ich mich in sie verliebte.
vor siebzehn jahren starb sie.
alle menschen, denen ich seither begegne, haben elfas gesichtszüge.

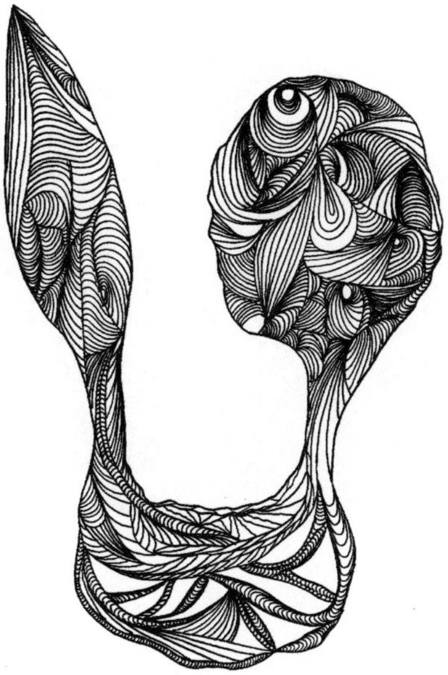

## liebe

zwei bäume, die schon viele jahre neben einander gestanden hatten, überkam eines tages die liebe.
aber leider war der eine baum - eine trauerweide - schon seit längerer zeit verheiratet.
da umschlangen sie sich sehr langsam und vorsichtig mit ihren wurzeln. gleichmütig rauschten die wipfel - denn das wesentliche geschah ja unterirdisch.

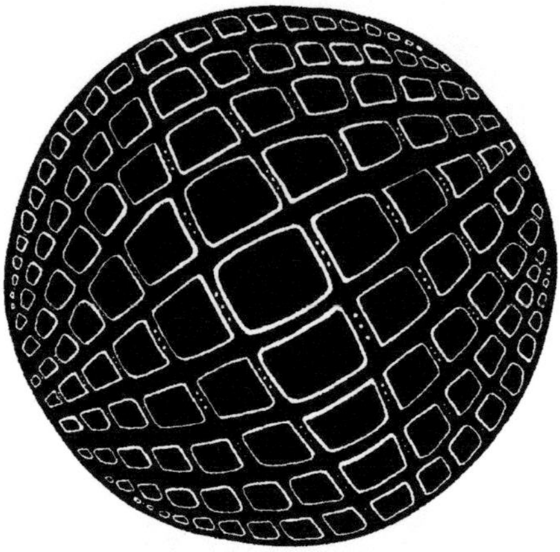

## niemandsland

etwas kam. kroch die antennen entlang. zwängte sich durch das gewirr der drähte. schob sich in die platinen und breitete sich über die bildschirme aus.
beim ersten flimmern sprang es in die pupillen. bewegte sich die nervenbahnen hinauf und besetzte das niemandsland in uns. dort wartet es auf das notsignal.

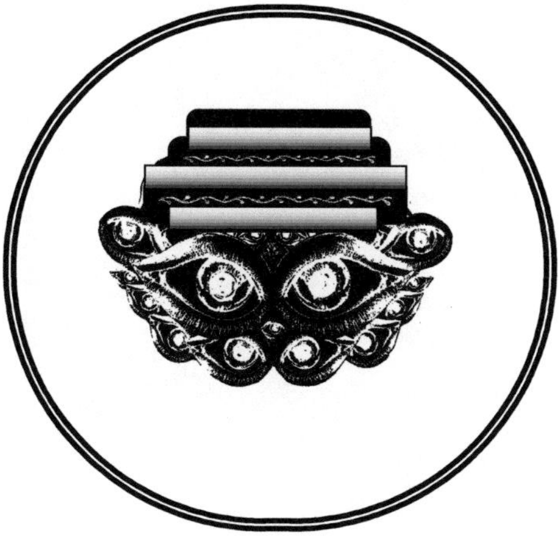

## von der sehnsucht

es gibt ihn, wirklich es gibt ihn.
den leuchtend grünen käfer mit
den sechsundsechzig beinpaaren,
der von der sehnsucht lebt.
einige millionen lichtjahre hinter
dem spiralnebel ngc 45 65, auf
einem unscheinbaren planeten, be-
strahlt von einer müden dunkel-
roten sonne, ist er zuhause.
glaubt's mir, es gibt ihn - wirklich!

## yaconta

kühl sind zu dieser jahreszeit die nächte am yaconta. jetzt werden dort die großen feuer angezündet. jetzt tanzen sie ihre wundersamen tänze durch die flammen, diese seltsamen geschöpfe mit köpfen, die so sehr den unseren ähneln, obwohl ihr gehirn fast nur aus ventrikeln besteht.
glückliches yaconta!

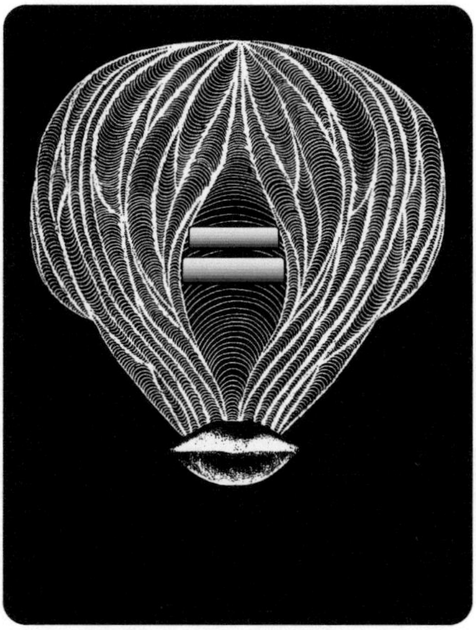

## erinnerung

wie perlen auf einer unsichtbaren schnur, so reihten sich die tage zu einer unvergesslichen kette.
das datenmeer im schwefeldunst; der roststrand zwischen den aluminiumklippen. und in der nacht nur sie und ich unter seltsamen, fremden sternen.
noch heute meine ich den lufthauch zu spüren, wenn sich ihre flügel entfalteten.

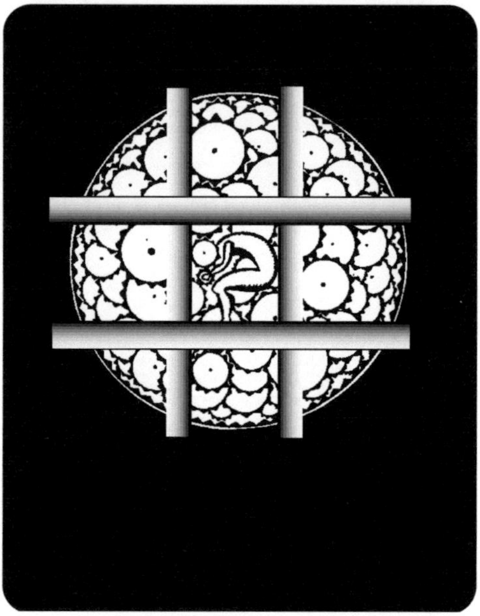

## dunkelblaue tränen

und manchmal mitten in der nacht überkam ihn der unwiderstehliche zwang zum reisen. Dann blieb ihm nicht einmal zeit, um sich von seiner frau zu verabschieden.
Wenn er dann wiederkam - immer genau nach zwei stunden - hatte er einen leuchtend grünen vollbart - und in den augenwinkeln hingen dunkelblaue tränen.

## vom wasser aus

ich meine, am ufer liegt etwas das aussieht wie ein mensch!
der grenzer, eben noch schläfrig dahintreibend, öffnete alle seine augen und blubberte erschreckt.
vorsichtig schwammen wir näher. wenn er so still daliegt dann sieht er fast vertrauenserweckend aus - so als könnte er überhaupt kein wässerchen trüben!

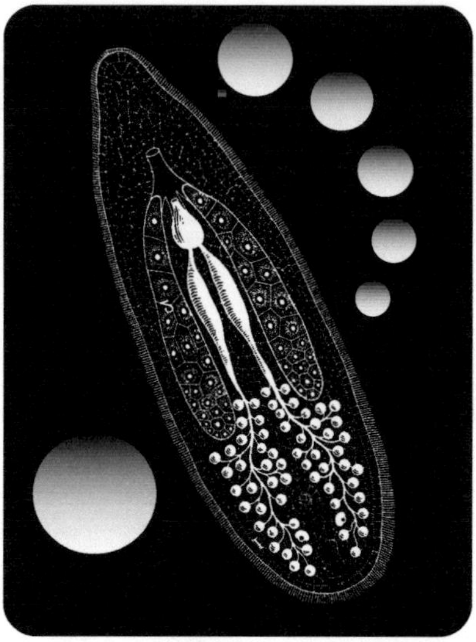

## fremd

sie bauten aus sieben jungen sonnen ein lichtboot und begannen ihre lange reise. sie wussten nicht was jahre sind. meer, land, pflanzen, tiere und menschen blieben ihnen unbekannt.
bei 100 000 000 grad celsius fühlten sie sich - sagen wir einmal so: pudelwohl.
und manchmal da freuten sie sich über irgendetwas uns völlig unverständliches.

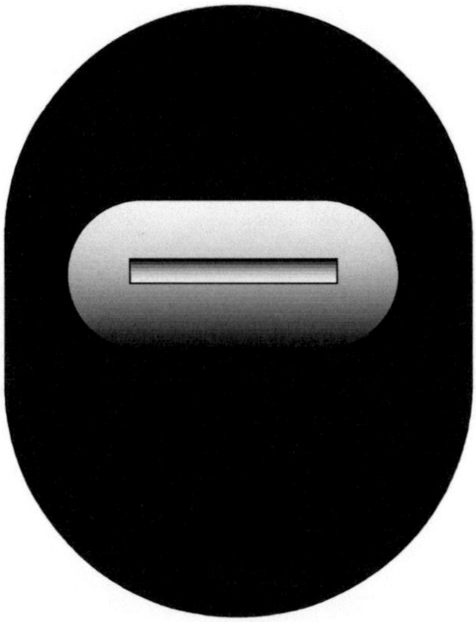

## tristesse

müde zogen die sauerstoff-fischer mit leeren gefäßen durch die blasser werdenden fangfelder.
kurz vor einer sperrmüllwolke sahen sie dann etwas bläuliches vorbeihuschen - aber es war schon zu spät, um zu jagen. als sich dann die schalltore endgültig hinter ihnen schlossen, da schüttelten sie traurig ihre weitaufgerissenen, zuckenden lungenflügel.

## nächtlicher ausflug

wer mücken tötet der hat auch vor vampyren keine achtung! erklärte uns großmutter, traut keinem menschen!! sorgfältig reinigte sie ihr arbeitsgebiss, bevor sie es einsetzte: alles klar?
klar großmutter!
dann schwirrten wir los. nur brigittchen blieb zu hause, denn sie hatte ja noch milchzähne.

## begegnung

sie sah den weihnachtsengel in den lichterketten der innenstadt - jämmerlich weinend.
warum weinst du, fragte sie ihn.
ich komme mir so verloren vor, so überflüssig zwischen allem glanz. auch hörte ich, ihr hättet schon kunststoffhimmel!
ehe sie ihm antworten konnte: aber doch nur im auto, war er bereits davon geflogen.

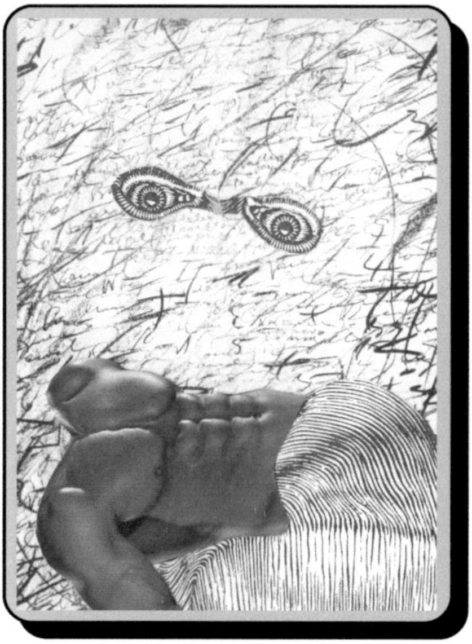

## schade

joe, the man with the perfekt body, schluckte eines abends ein paar schlaftabletten zu viel - aus unglücklicher liebe.
peggy, medizinstudentin im achten semester fand, das sei die schönste leiche, die sie jemals sezierte.
schade, dachte sie und öffnete die bauchhöhle, schade, den hätte ich etwas früher kennenlernen sollen!

## kunstverständnis

sie trafen sich ganz zufällig in einem barockengel und - wie das bei holzwürmern sehr häufig der fall ist - schon entspann sich ein temperamentvolles gespräch über die kunst.
amati oder stradivari, knarrte der jüngere, das ist doch nur eine persönliche geschmacksache - ich knabbere mich beispielsweise am liebsten durch die renaissance!

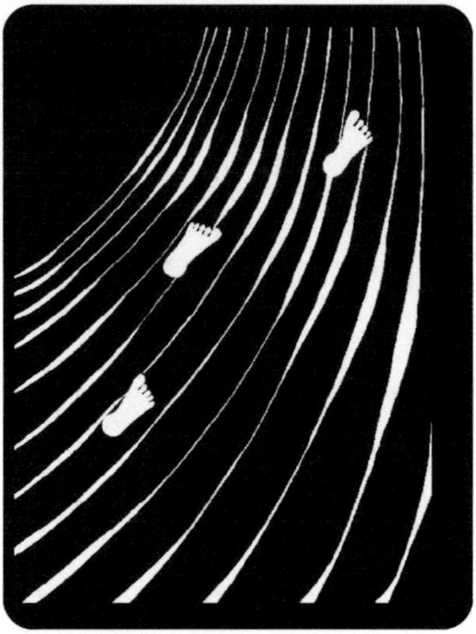

**merkwürdig**

es war uns relativ schnell gelungen, die oberflächenspannung des wassers soweit zu verstärken, dass wir trockenen fußes über den see gehen konnten.
gegen mittag erreichten wir dann das fischerstädtchen.
warum sehen uns die leute nur so merkwürdig an, meinte peha-14, so als seien wir fürchterliche monster?!

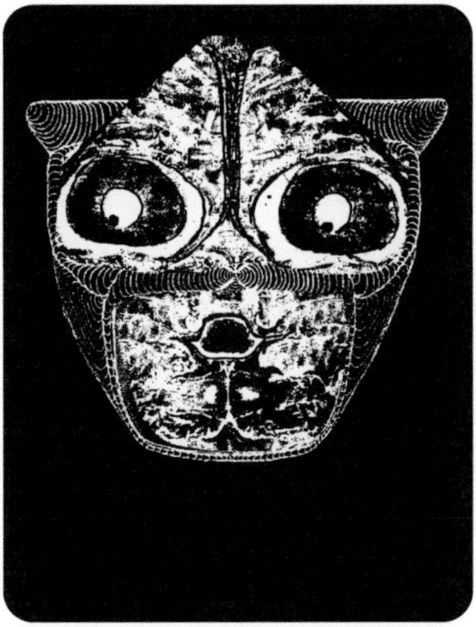

## unter der brücke

wir lagen unter der letzten brücke - die anderen brauchen brücken nicht mehr - und träumten vom neuen leben.
einmal werden wir diese stadt schon finden, murmelte win schlaftrunken.
zuerst schob sich der grüne mond über den horizont. als kurz darauf der orangenfarbige folgte, da wimmerte und heulte win bereits.

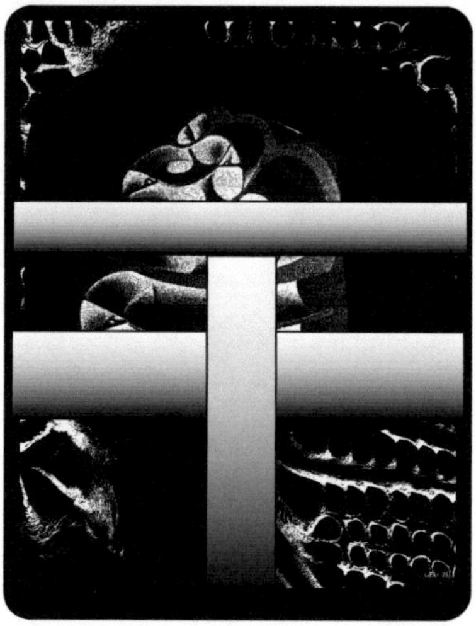

## pudding im weltraum

falls man jemanden 'kleiner puddingscheißer' nennt, kann es geschehen, dass er beleidigt ist. doch auf eine junge rasse im amerikanebel trifft diese bezeichnung - wenigtens an hohen festtagen - durchaus zu.
es besteht also berechtigter grund zu der annahme, dass uns auf der reise durch das weltall noch mancherlei spaßige dinge erwarten!

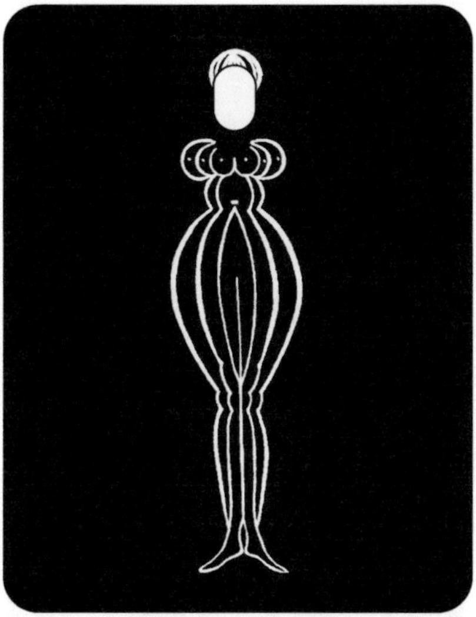

## gutes mädchen

eva-mariatheresia, ein artiges und nettes milliardärstöchterchen, betet seit letzten monat vor dem einschlafen immer: lieber gott, schenke den armen füße, die genau so geschickt sind wie hände, damit sie mehr arbeiten und nicht mehr länger arm zu sein brauchen. amen!
ich finde diesen vorschlag ausgesprochen bedenkenswert!

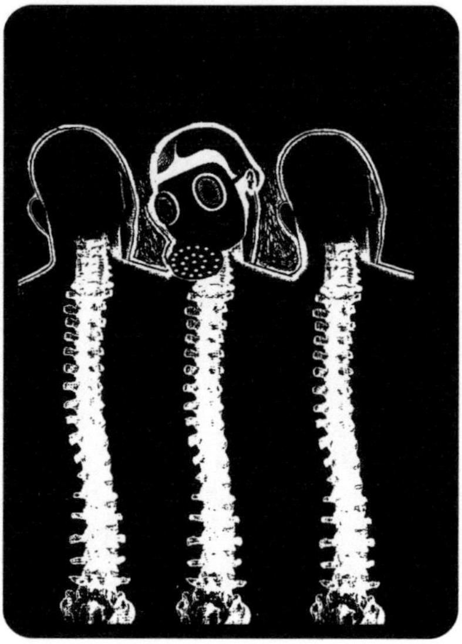

## volksvermögen

der gestern nacht mit hilfe des londoner nebels verübte einbruch in die panzergewölbe der weltknochenbank beraubte nicht nur die bank ihrer sämtlichen knochenvorräte, sondern brachte auch - und das macht dieses verbrechen so ungeheuer verwerflich - unzählige kleinsparer um ihre mühselig abgesparten knochen!
dreimal pfui diesen gewissenlosen gangstern!!!

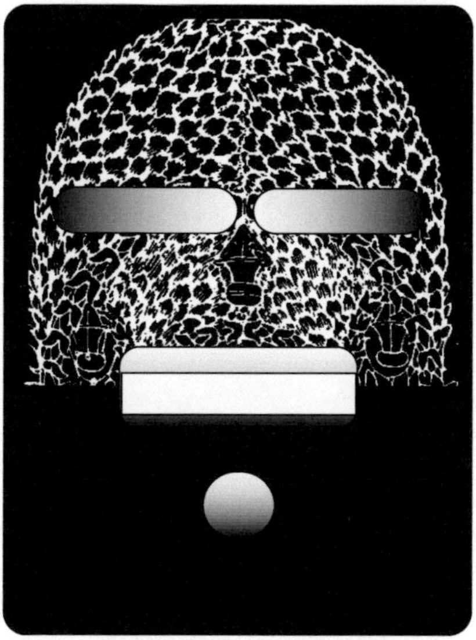

## innerer dialog

du siehst ja nicht gerade wie das blühende leben aus, streptococcus pyogenes, was falsches gegessen?!
ach weißt du, salmonella typhy, diese verdammten chemischen nahrungsmittelzusätze! kaum hat man sich so notdürftig an etwas gewöhnt, schon haben die wieder was neues. wenn ich da noch an die gute alte penicillinzeit denke!!

**herr sonnenklau**

es gibt wohl kaum jemanden der seinen namen mit solcher berechtigung führt wie herr sonnenklau - und niemand ahnt, wie bedeutsam dieser fast lächerliche name ist!

herr sonnenklau pflegt irgendwo plötzlich zu erscheinen und ein weilchen zu verweilen. wenn er dann urplötzlich wieder verschwindet, macht er seinem namen wirklich alle ehre!

## beneidenswert

eine winzige damenarmbanduhr, die jeden tag einige übersekunden machte, war am ende eines jahres - da niemand sie regulierte - ihrer zeit um soviel voraus, dass sie sich mühelos selbständig machen konnte.
sie gründete, streng auf die relativitäts-theorie aufbauend, ein eigenes raum-zeit-kontinuum. dorthin hat sie sich zurückgezogen.

# Kapitel 3

## die schrumpfstory von der äußerst weichen mondlandung

### *sowie weitere geschichten aus den tiefen des sportuniversums*

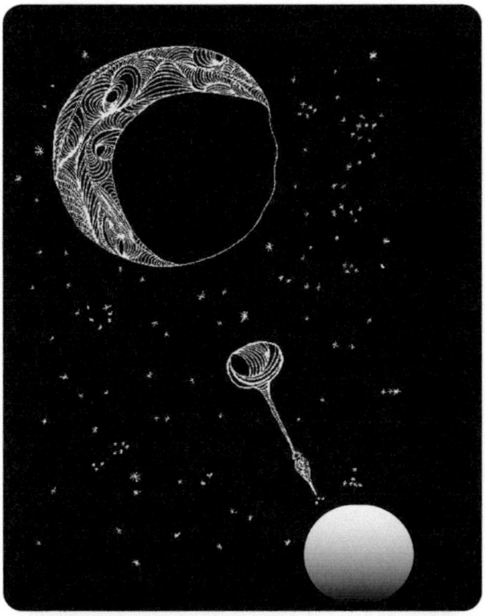

## ein deutscher weltrekord

beim abendsportfest in essen-katernberg vergaß der vereinslose hammerwerfer franz-johann bimmelmaier sein gerät rechtzeitig loszulassen.
da gleichzeitig der watzkow-effekt wirksam wurde, konnte bimmelmaier mühelos das schwerkraftfeld der erde verlassen - und eine äußerst weiche mondlandung ausführen!
diese tatsache, der internationalen weltraumbehörde wohlbekannt, wird - wahrscheinlich aus konkurrenzangst - der öffentlichkeit immer noch vorenthalten!!

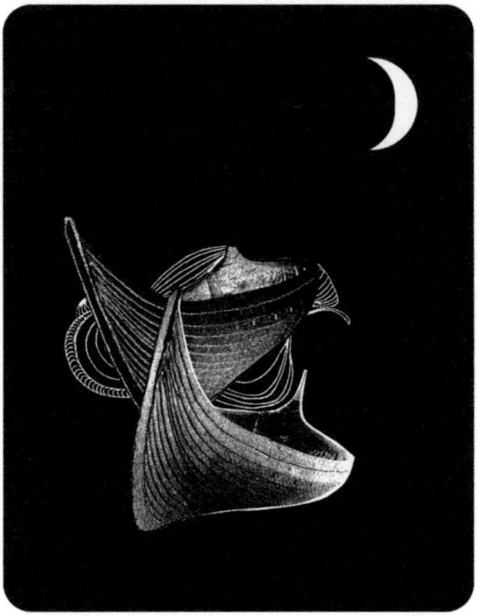

**unglückliche niederlage**

kurz vor dem ziel der regatta 'durch das schöne mittelmeer' fing der 68. steuerbordruderer - dritte etage - ein wucherer namens gastriticus, einen fürchterlichen krebs und brachte dadurch den klar führenden 'vierhundertfünfundvierziger mit steuermann und nilpferd-peitsche' aus dem überaus notwendigen rhythmus.
zwar wurde gastriticus sofort erschlagen - aber was half's?!

## verloren

er hatte an der wende viel zeit verloren - mindestens zweihundertstel sekunden!
da schwamm er zum start zurück und verließ das wasser, ging durch die straßen und über viele brücken - immer der sonne entgegen.
er ging und weinte und ging.
als er dann endlich das meer sah, hatte er keine tränen mehr.

## hunger

als torhüter waschakowsky den ersten ball schluckte, da gab es freundlichen beifall. beim sechsten raste das publikum.
nach siebenundachtzig bällen war der vorrat der stadionverwaltung erschöpft. das stadion glich einem hexenkessel: spieler, polizei und zuschauer in diskussionen übelster art verwickelt!
verzweifelt sucht waschakowsky noch einen ball!!

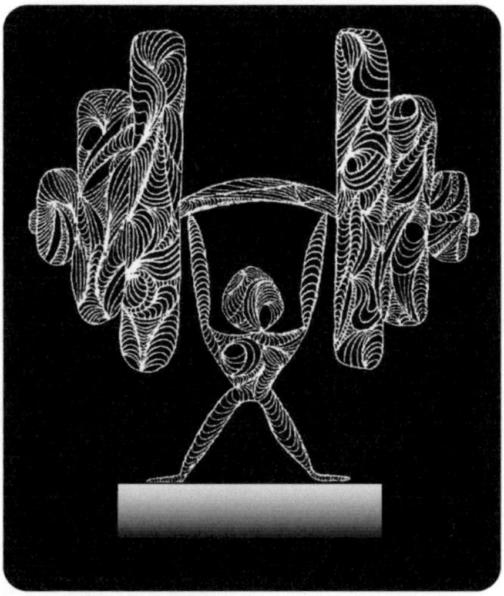

## aufstand der gewichte

die scheibenhantel -152,75 kg - spazierte mit dem athleten über die bühne bis zur ehrenloge, sprang dort aus seinen fingern und legte sich dem herrn oberbürgermeister auf die gepflegten füße.

und das war das zeichen für den beginn der großen hantelrevolution, deren ende heute nicht mehr abzusehen ist.

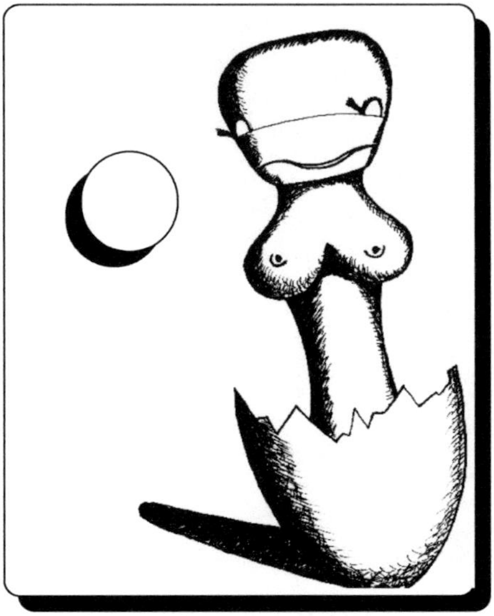

## abfahrtslauf

nach ihrem vorletzten rennen dauerte es sieben tage bis trudl wieder aufrecht gehen konnte.
die ärztliche warnung, keinesfalls wieder die extreme französische eiform zu fahren, missachtete sie.
trudl gewann zwar den abfahrtslauf, doch musste sie - wegen der eiform - ins sanatorium eingeliefert werden.
und dort wuchs gestern morgen ihre schale.

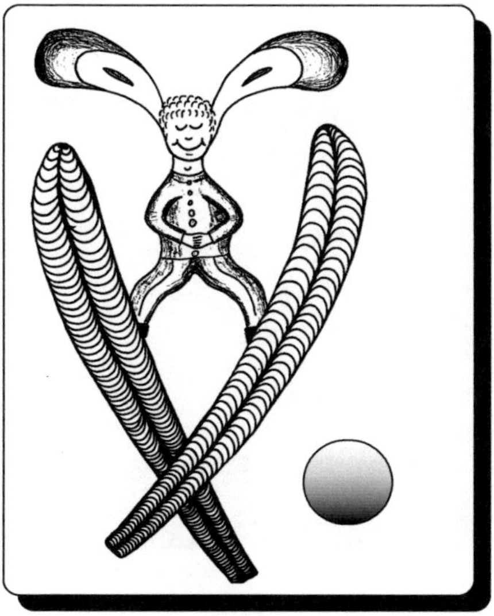

## ein komplizierter fall

innerhalb eines winters verbesserte der waldbauernbub krachler alle rekorde der skispringer-weltelite!
sein sprungstil lässt manche wünsche offen, doch seine weiten: sagenhaft!
beim internationalen skiverband wurde interveniert, krachler habe, aufgrund seiner weitausladenden stehohren, derart aerodynamische vorteile, dass er nur außer konkurrenz starten dürfe!
heute wird abgestimmt - was die wohl wieder entscheiden!?

## tick

ausgangs der letzten kurve setzte ein reserveherz - linke wade oberes drittel - aus.
sein schritt wurde unregelmäßig.
eingangs der zielgeraden, als die beifallsmaschinen auf volle touren kamen und der rückenwind eingeschaltet wurde, hatte ihn auch der letzte - ein völlig unpräparierter - überholt.
er wollte aufhören, aber der zentralschrittmacher tickte ihn weiter.

## um den großen preis

wenn der betriebsstoff knapp wurde, dann durfte an den fantasieboxen in unbeschränkter menge nachgetankt werden.
bis runde 104 gab es keine besonderen vorkommnisse. doch dann kam es schlag auf schlag!
dichter nebel: vergaserschaden!
dichter fürst: achsenbruch!
alle bestsellerfahrer: aus der erfolgskurve geschleudert!!
ein johann schneider auf eigenbau wurde sieger.

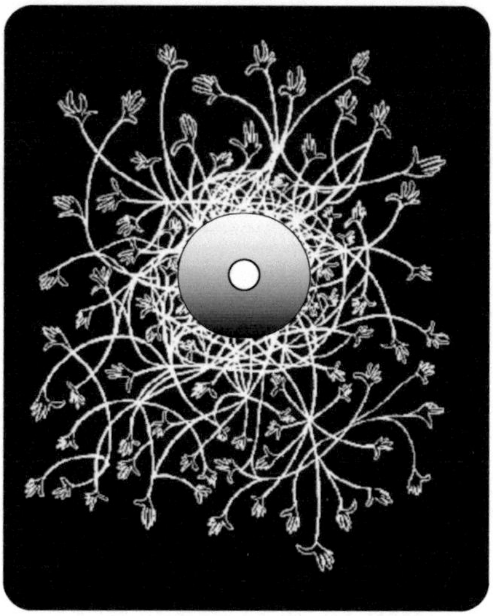

## sport verbindet

als king-kong dem blonden adonis die beine zusammenknotete und den nun äußerst wehrlosen auch noch bespuckte, da riss die rothaarige dame ihrem zuständigen begleiter den linken arm ab und warf ihn in den ring.
spontan folgten viele zuschauer diesem bewegenden beispiel.
damit war wieder einmal bewiesen: sport verbindet!

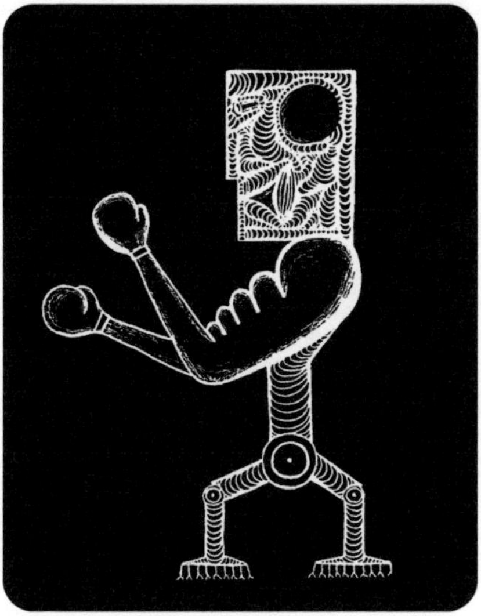

**ko**

schon nach der 28. runde musssten wir seine handgelenke auswechseln. nun traf er wieder genauer. die große pause reichte gerade um das linke auge zu ersetzen - für die ohrmuscheln blieb keine zeit mehr.
runde 86 brachte fünf niederschläge. zwei wiederbelebungsversuche waren erfolgreich. eine runde später brach er dann endgültig auseinander.

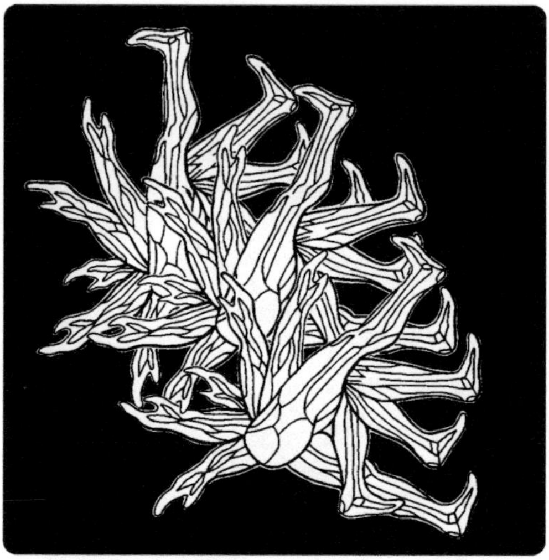

## marathon

kurz vor kilometer 32,7 trat der favorit burt-su - bakalitanische republik - mit dem rechten schuh auf seine zunge und stürzte.
142 läufer verwickelten sich mit ihren zungen in seine.
2 wochen - 5 tage - und 11 stunden arbeiteten die chirurgen. burt-su und weitere 129 überlebten die operation. allerdings alle ohne zunge

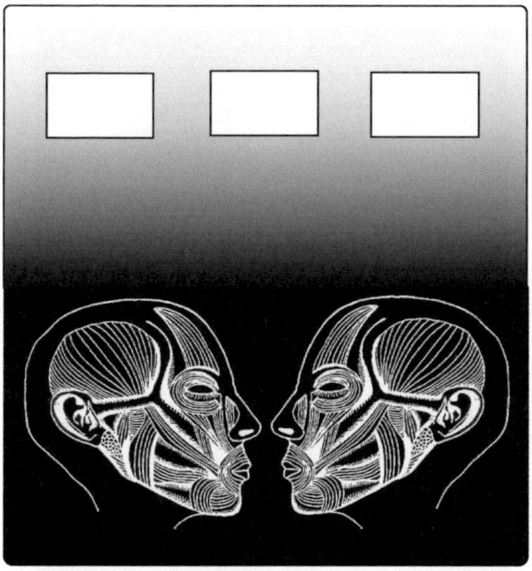

## der verlust

die beiden boxer - halbmittelgewicht - standen sich gegenüber. kampfbereit. als der gong ertönte ließen sie ihre fäuste fliegen.
sie flogen in einer sanften kurve zur hallendecke empor; umkreisten dreimal den ring. und während das kampfgericht noch ratlos nach oben blickte, schwebten sie schon aus der halle.
sie wurden niemals mehr gesehen.

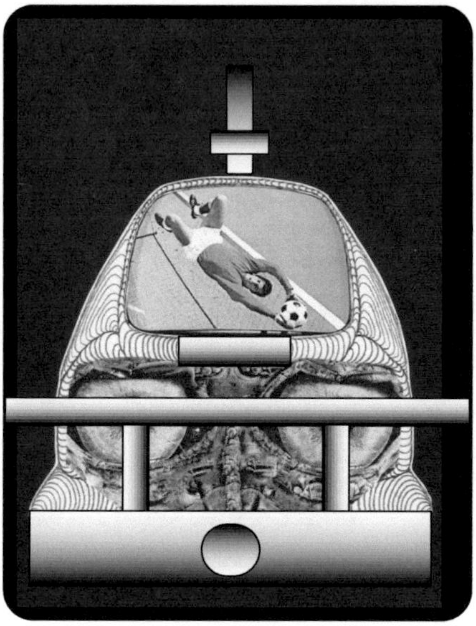

## homo ludens

in dieser so gänzlich absurden situation durfte eigentlich kein tor fallen!

gezett 247 stellte seine beifallsgeräusche ab: ein reizvoll irrationales moment, das wir nicht nachvollziehen können. das ist auch der einzige grund, warum wir sie uns überhaupt noch halten!

dann unterbrachen die roboter ihren kontakt, denn das spiel wurde fortgesetzt.

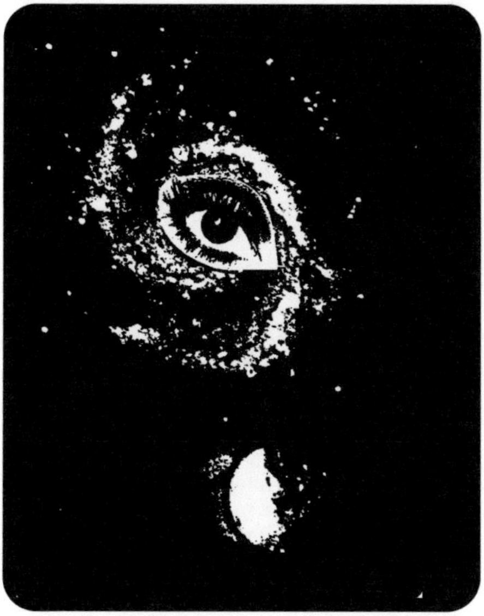

## waidmannsheil

wir streichelten die alte welt so lange, bis sie uns auch ihren letzten mond schenkte.
bleich stieg er aus seinem kraterversteck und schob sich langsam über den horizont.
wir müssen unbedingt schonzeiten einführen, dachte plus-minus-sieben-und-zwanzig, als es ihn im fadenkreuz hatte, die guten monde werden immer seltener!

## dauerläufer leben länger

musst du denn immer so verrückt durch den bart rennen?! schimpfte der filzlauserich, unser mensch wird ja ganz nervös davon!
ach, schnuckiputz, schmeichelte da die filzlaus, es kitzelt doch so wunderschön, wenn man ganz schnell durch die haare spurtet!
trotzdem - warte mit deinem blöden hobby gefälligst bis er schläft!!

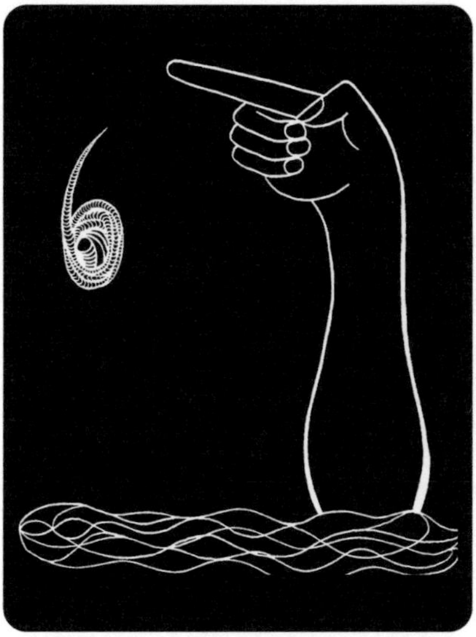

## leider

als ihre füße den turm verließen, da spürte sie, dass ihr sprung gelungen war. mit diesem gefühl begann sie ihren ersten salto.
aaaahhh!!! raunten die zuschauer, als sie dem wasser entgegen tanzte.
leider, meinte der kampfrichterobmann, leider war die kleine zehe des linken fußes nicht vorschriftsmäßig gestreckt!

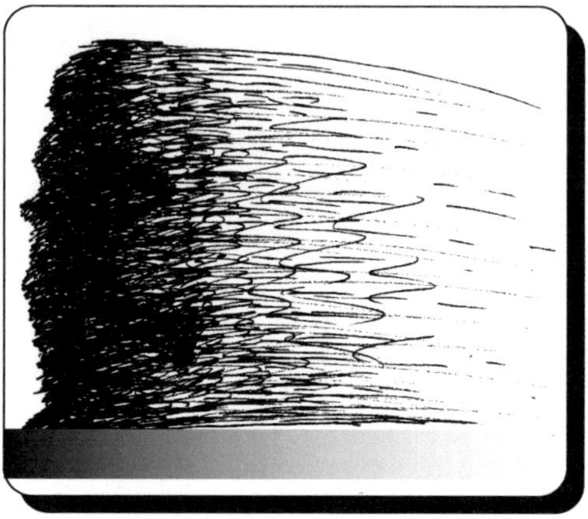

## progressives training

die liechtensteinische mannschaft brach bei den letzten olympischen spielen alle weltrekorde!
grund: das trainingslager auf dem planeten jupiter.
sprinter jammler wurden im vorlauf, durch den reibungswiderstand der luft, hemd und hose in flammen gesetzt.
seitdem läuft er nur noch im asbestanzug. aber immer noch wesentlich schneller als alle anderen!

## gerechte strafe

herr x war der einzige lyriker im ganzen land der einen handstand drücken und ein rad schlagen konnte. ein heißer sommertag im schwimmbad brachte diese ungeheuerlichkeit ans tageslicht.
infolge dieser gedankenlosigkeit musste sich herr x fortan in gebrochener prosa versuchen.
und zwar äußerst kläglich - sagten seine kritiker.

# Kapitel 4

## die schrumpfstory von einsteins irrtum

### *sowie weitere geschichten zum sinn des lebens*

*zeit der pilze*
*eine dumme gewohnheit*
*die freuden der würmer*
*nachhall*
*gestörte harmonie*
*kindheitsmuster*
*fallbeispiel*
*mitternacht*
*vergiss mein nicht*
*blitzgespräch*
*die rettung*
*der lächler*
*das 284. gebot*
*harrys schnauzbart*
*gesundheitsvorsorge*
*etwas explodiert*
*fragen*
*löschzug*
*aus der wissenschaft*
*irgendwie*
*scout-schicksal*
*nichts ist vollkommen*

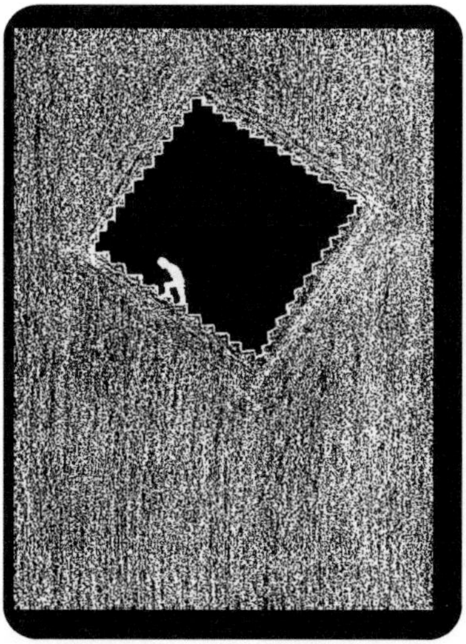

## errare humanum est

albert einstein hat einmal gesagt: falls die menschheit im dritten weltkrieg auf die idee kommen sollte, atomwaffen einzusetzen, wird sie im vierten wieder mit knüppeln kämpfen müssen!
neulich hatte ich besuch aus der zukunft. ich kann leider nur folgendes verraten: einstein muss die festigkeit von holz beträchtlich falsch berechnet haben.

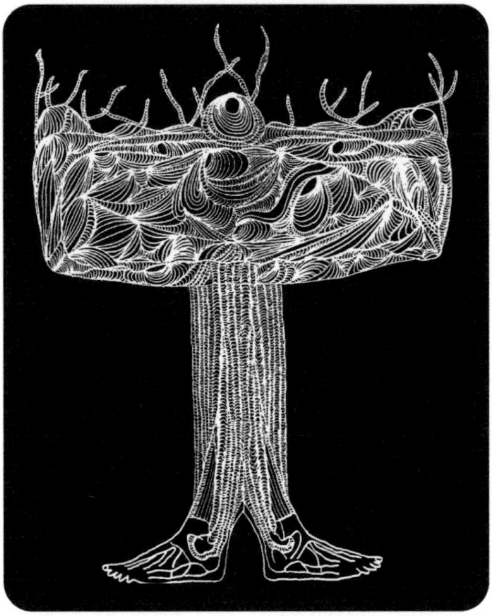

## zeit der pilze

am unangenehmsten sind die fußpilze.
ganz bestimmt!
sie fielen zuerst auf - aber da war es schon zu spät.
nun ist die ganze welt voller pilze:
steinpilze - stammpilze - fliegenpilze.
ab und zu auch schon mal ein atompilz.
aber am unangenehmsten sind eben doch die fußpilze!

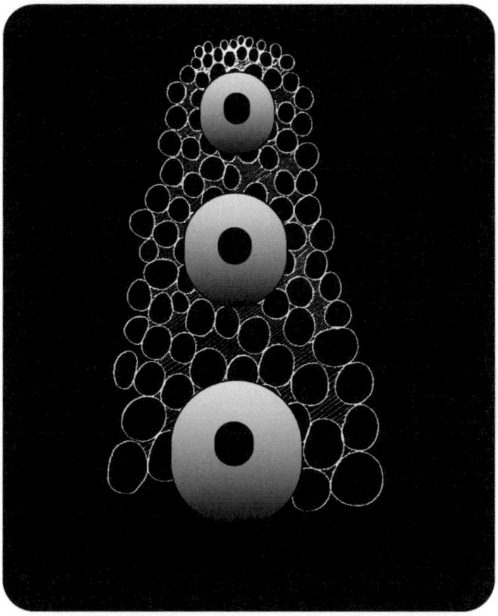

## eine dumme gewohnheit

egon hatte die gewohnheit, wenn er vor jemandem stand und mit ihm sprach, durch ihn hindurch zu sehen.
es gibt wahrlich bessere gewohnheiten!
deshalb wurde egon, obwohl er als netter und verträglicher mensch galt, von allen, die ihn einmal kennen lernten, geflissentlich gemieden.
denn die löcher bemerkte man immer erst später.

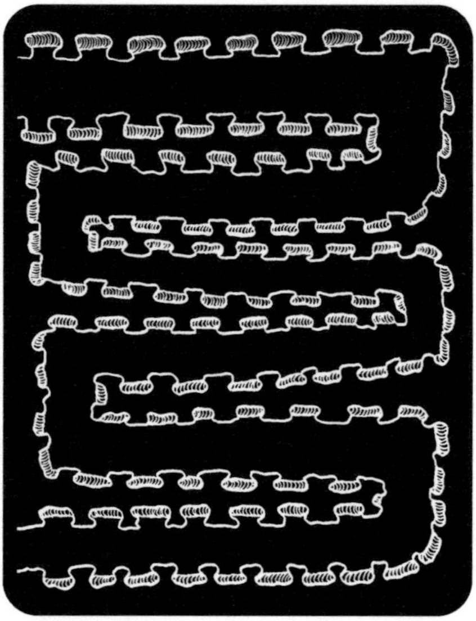

## die freuden der würmer

eines mittwochs machten zwei spulwürmer eine dienstreise durch das duodenum.
mittwoch war sehr anstrengend, aß doch ihr mensch seit siebzehn jahren - so alt wird kein spulwurm - jeden mittwoch erbsensuppe mit speck!
froh darüber, endlich eine ruhige darmzotte zum übernachten gefunden zu haben, gähnte der kürzere: herrlich, morgen gibts milchreis!

## nachhall

ein kleines echo irrte durch den hallraum. zehntelsekunden, sekunden, minuten lang.
wer bist du? fragte der operater.
ich bin der letzte halbton aus ‚yesterday' - habe mich verirrt!
die dritte halbtonleiter links, dann immer geradeaus!
und tatsächlich, das echo kam unversehrt aus dem lautsprecher!!
allerdings mitten in ein fremdes lied.

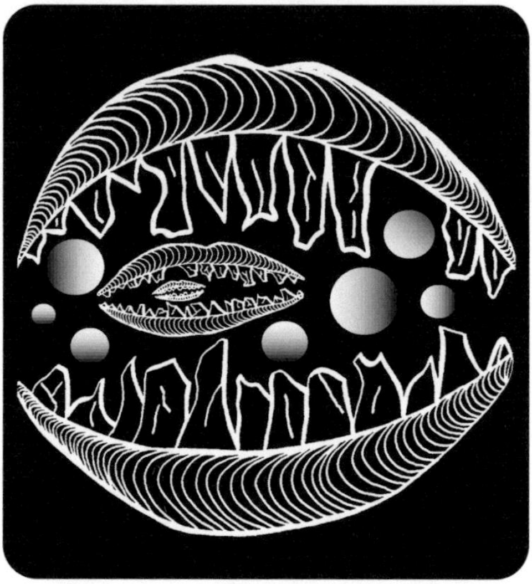

## gestörte harmonie

nach 37 harmonischen ehejahren hörte sie auf, ihn jeden abend zu schlagen.
schlaglos wälzte er sich im bett.
weinend und fluchend.
schließlich ganz verzweifelt.
doch dann begann er zu singen.
bei jedem ton fiel irgendwo in der nachbarschaft ein zahn aus einem gebiss.

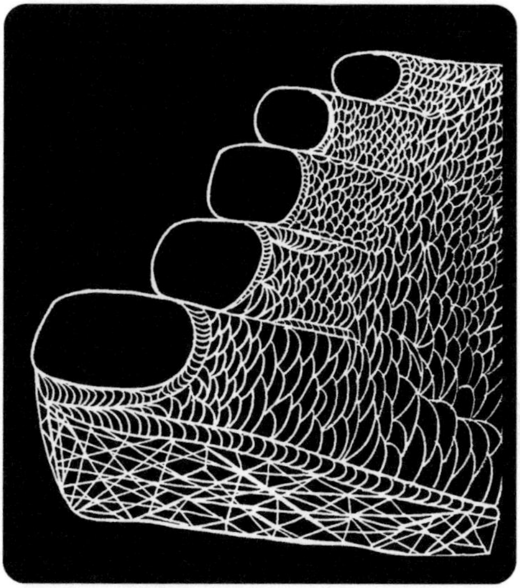

## kindheitsmuster

auf dem heimweg pflückten wir für mutti noch einige schöne bäume.
ganz in gedanken trat ich auf eine straßenbahn, das knirschte!
als ich die reste heimlich in meine hosentasche stecken wollte, sah mich meine schwester vorwurfsvoll an.
daraufhin ließ ich alles fallen und hüpfte - etwas verlegen - vier mal über den hafen.

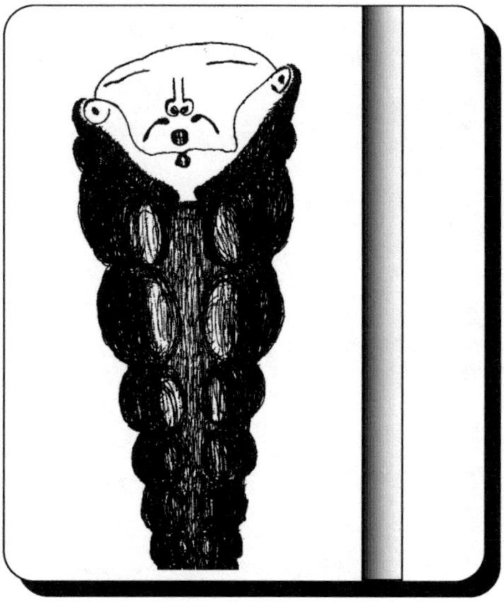

## fallbeispiel

an einem schwülen juliabend fiel der erste meister vom himmel. sein fall erregte berechtigtes aufsehen - besonders bei der boulevardpresse.
nun fallen sie in regelmäßigen abständen und presse, rundfunk und fernsehen nehmen überhaupt keine notiz mehr von diesem vorgang.
nur die offiziellen publikationsorgane der handwerkskammern beginnen äußerst nervös zu reagieren.

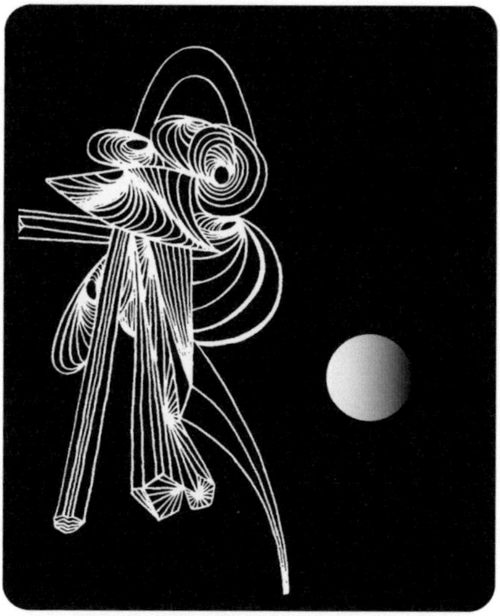

## mitternacht

gegen mitternacht, wenn die springbrunnen müde werden - springen sie mal den ganzen tag - wenn in der amazonas-bar juanita - bürgerlich: gertrud schiwaschewski - ihr letztes bekleidungsstück - eine plastikseerose - fallen lässt, wenn müllers waldi träumend winselt; dann verteilt die sozialabteilung der meier-motor-ag an ihre fließbandarbeiter anti-nacht-schicht-gefühls-tabletten.

## vergissmeinnicht

er hatte seinen alzheimer vergessen. nun stand er da, vielleicht so drei stunden, es könnten auch sieben gewesen sein.
dann begann es zu dämmern. er legte sich schlafen. als er erwachte, war der tag vorüber.
wieder ein tag weniger, dachte er erleichtert, wusste aber nicht weshalb.

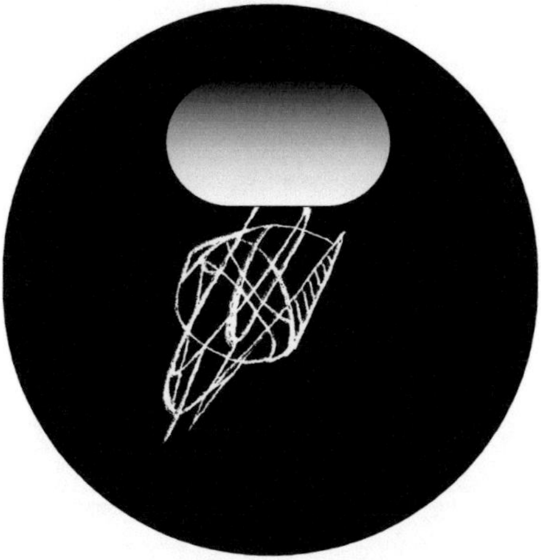

## blitzgespräch

zwei blitze, die während eines frühlingsgewitters gleichzeitig zur erde zucken mussten, funkten einander kurz zu: wieviel volt?
99 718 543 - und du?
102 413 633!
sowas blödes! soviel schöne spannung und alles für die katz!! konnte der erste noch knistern, dann rasten die beiden schon gemeinsam in einen uralten, rostigen blitzableiter.

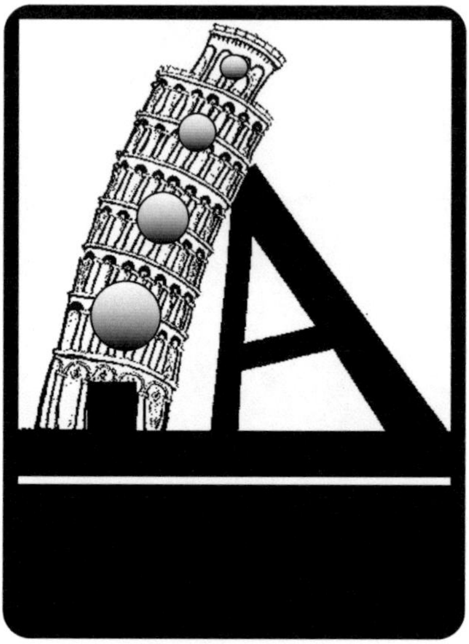

## die rettung

sie waren auf die eroberung hochzivilisierter welten spezialisiert: ein bombardement mit superharten leserstrahlen zwang alle wehrfähigen bewohner zum lesen; dann wurden sie aufgelesen und recycelt.
ihr letzter eroberungsversuch war jedoch ein misserfolg: total verwirrt flohen sie bis ins paralleluniversum! denn sie ahnten nicht, dass die hälfte der erdbewohner analphabeten sind!

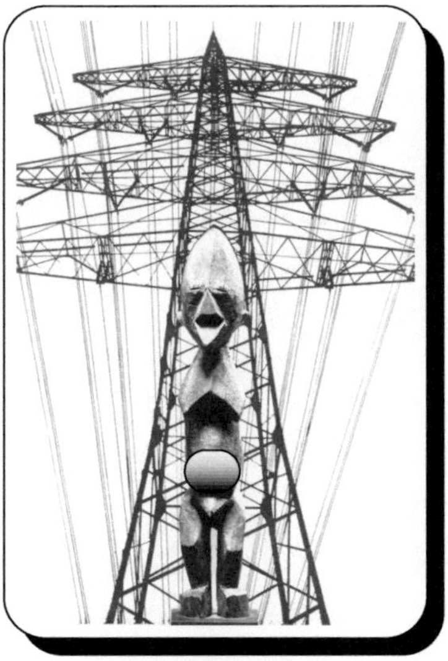

## der lächler

zet schlitzte ihm die zunge auf. er schluckte das blut herunter und lächelte. ge löste ihm den bizeps brachii von der ansatzstelle. das lächeln blieb unverändert.
erst als ka die nieren sah und erschrocken ausrief: aber das ist ja gar kein mensch!
da verstärkte sich sein lächeln.

## das 284. gebot

welches gebot wurde übertreten?
284: du sollst keinen bandsalat aufessen!
der große ordner summte ärgerlich: zur strafe darfst du zwei wochen nicht auf den elektrischen stuhl!
das kommt davon! signalisierte die robotmutter ihrem neusten kind, das ganz jämmerlich mit allen röhren flackerte, aber auf mich willst du ja nie hören!

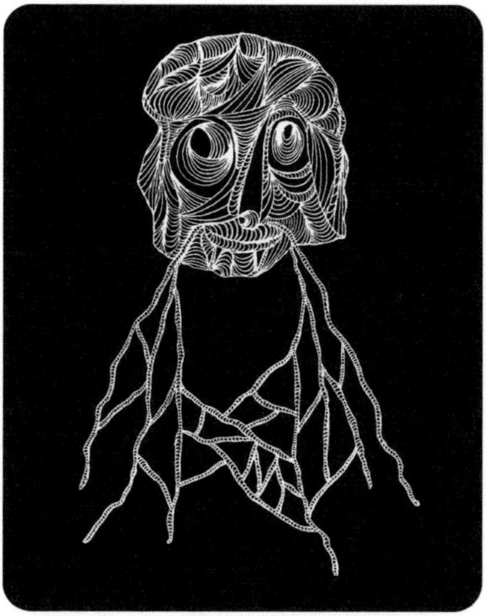

## harrys schnauzbart

du sollst doch nicht soviel naschen! schimpfte mutti, als harry zum achten male an diesem abend die dose mit rattengift öffnete.
zuerst wuchsen die nagezähne. dann ein schöner schnauzbart.
und gegen morgen, als er die katze riss, da gelang es ihm auch schon zu quietschen!

## gesundheitsvorsorge

oma starb - und alle mussten lachen.
denn lachen ist bei uns pflicht!
wer nicht lacht, so heißt es, der würde erschossen.
zwar gibt es gerüchte, die besagen, bei uns gäbe es eigentlich nichts zu lachen. aber offiziell wird bei uns furchtbar viel gelacht; denn man behauptet: lachen sei unwahrscheinlich gesund!

## etwas explodiert

kommt lasst uns zum abschied noch einmal gemeinsam gähnen, wer weiß ob wir jemals wieder zusammenkommen.

der zähler war bei acht, als dieser vorschlag kam.

sie hatten das gähnen gerade beendet, als die null-zündung erfolgte. gute reise, dachte es noch - dann flogen sie auseinander.

## fragen

urahn, was ist 'sehen' und 'sonne'?
was soll dieser unsinn?
diese worte sprachst du während deiner letzten ruhezeit.
es ist strengstens verboten während meiner ruhezeit die hörgeräte einzuschalten! wo sind eure erzeuger?! der uralte war maßlos erregt: ich werde ihnen auf die finger schlagen!
urahn, was sind 'finger'?

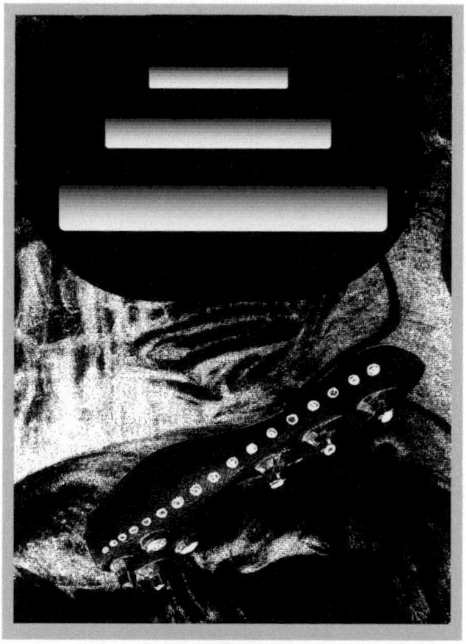

## löschzug

von härchen zu härchen hangelnd - so klettern wir mühsam durch die nase. genügenden abstand zu halten ist lebenswichtig, denn gruppenbildung kann den niesreflex auslösen.
unsere vorgängerexpedition wurde in den raum hinausgeschleudert. wir fanden keinen wieder.
wir wollen dorthin wo der sauerstoff verbrennt. deshalb schleppen wir ja die löschgeräte.

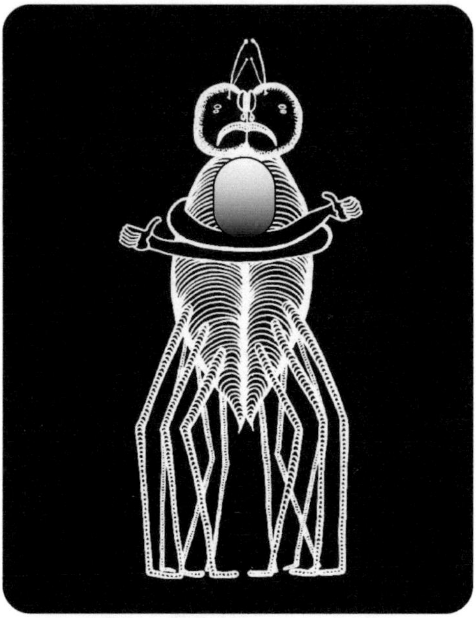

## aus der wissenschaft

warum musst du eigentlich, fragte den biochemiker doktor raders seine frau - und kratzte sich an verschiedenen körperstellen - ausgerechnet synthetikflöhe entwickeln?
weil - doktor raders durchsuchte konzentriert sein unterhemd - weil es so anhängliche tierchen sind!
alle achtung vor deiner wissenschaft, aber das geht zu weit! rief sie da und knackte einen.

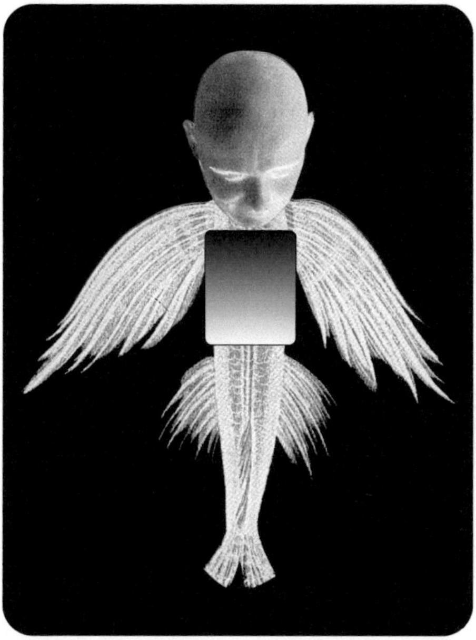

## irgendwie

tagelang juckte es pausenlos zwischen meinen schulterblättern, dann schoben sich die flügelspitzen durch die wundgeschabte haut. nach dem ersten flug ins büro - ich habe mittlerweile 3,8 meter spannweite - hatte ich so einen fürchterlichen muskelkater, dass ich eine flügelamputation erwog!
doch wieder autofahren?!
nee! irgendwie muss man doch mensch bleiben!!

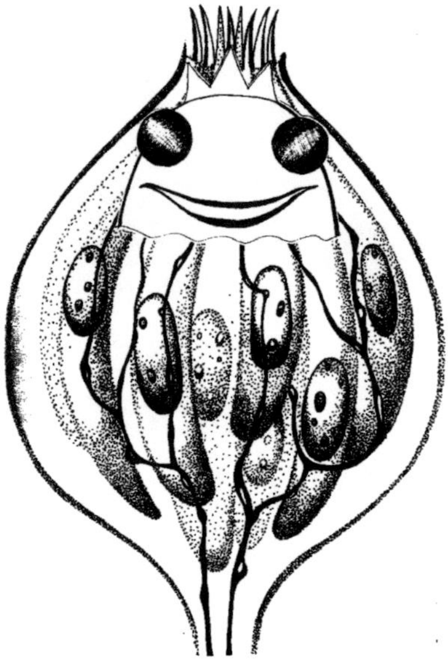

## scout-schicksal

der kundschafter war kurz vor dem ziel. er hatte 274 lichtjahre - 91 magnetwirbelstürme und 11 wurmlöcher unbeschadet überwunden; alska, die beringstraße und der ural, landesgrenzen und raketenabwehr-schilde waren überquert. nun aber kam die bundesautobahn. und hier wurde er von der europäischen rhabarber-frischdienst-tiefkühlkette erbarmungslos erfasst und restlos verwertet!

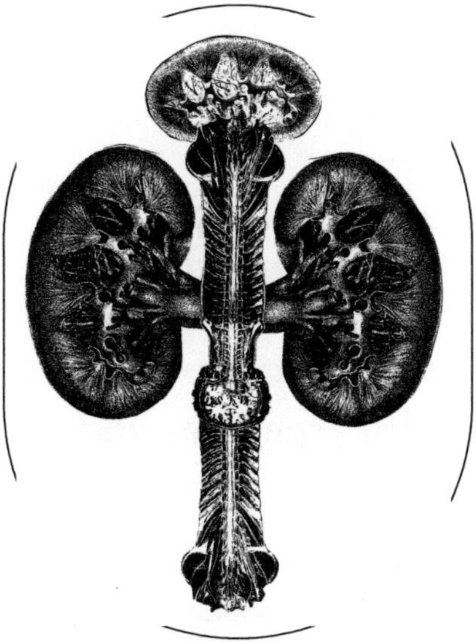

**nichts ist vollkommen**

jeder, der von einer kugel getroffen wird, die mit dem wirkstoff bws 92 imprägniert ist, verwandelt sich in 20,6 sekunden zu einem himmelblauen blumenbeet.
es ist eigentlich ein schöner anblick: das ganze schlachtfeld als blumenmeer. einen kleinen nachteil hat diese methode noch: die blumen verbreiten so einen verblüffend echten leichengeruch.

# Kapitel 5

## die schrumpfstory von adams daumen

### *und weitere geschichten zwischen fegefeuer und arche*

## adams daumen

alles wohlauf! meldete paradies-engel thymian, nur adam lutscht seit heute morgen am daumen.
oho! sagte da der herr.
adam, sprach er sehr freundlich am nächsten tage, adam dir fehlt ein weib.
ein was?? ich will aber keins!!!
warte nur ab, du wirst dich noch wundern! waren die worte des herrn.

## in walhalla

haiah-hoooh! brüllte wotan, dass ganz walhalla wackelte, wo sind meine ziegenböcke!? ich will endlich auf die wilde jagd!!!

zahnknirscher und zahnknisterer bekommen gerade neue gebisse geschmiedet, antwortete baldur freundlich, die alten sind total im eimer!

neue gebisse, wozu! schrie wotan, sollen die nun meinen wagen ziehen oder wagneropern schmettern?

## generationskonflikt

wenn ich dich nochmal beim beten erwische, keifte großmutter, dass es höllenweit schallte, dann ...!!!
sie war mächtig in fahrt: hast du überhaupt schon zur guten nacht geflucht?
ja, log ich - und verdrückte mich ins fegefeuer.
es ist vielleicht eine dumme angewohnheit, aber ich finde beten nun einmal unwahrscheinlich geil!!!

## der vogel roch

es ist eine maßlos unverantwortliche untertreibung, dass man ausgerechnet diesen vogel 'roch' genannt hatte!
er roch nicht - er stank!
und zwar unbeschreiblich! und das bei dieser gigantischen größe!!
sagen- und märchengestalten gehören unbestreitbar zum kulturellen erbe. aber eine gebührende distanz im olfaktorischen bereich ist durchaus empfehlenswert!

## der erste schritt

sie hingen melancholisch in den bäumen. tagelange, heftige diskussionen - das palaver war meilenweit zu hören! nun waren alle heiser und hingen melancholisch in den bäumen.
das wirst du noch bereuen, krächzte der hordenälteste. die anderen nickten müde.
doch er sprang. richtete sich vom boden auf - und machte vorsichtig den ersten schritt.

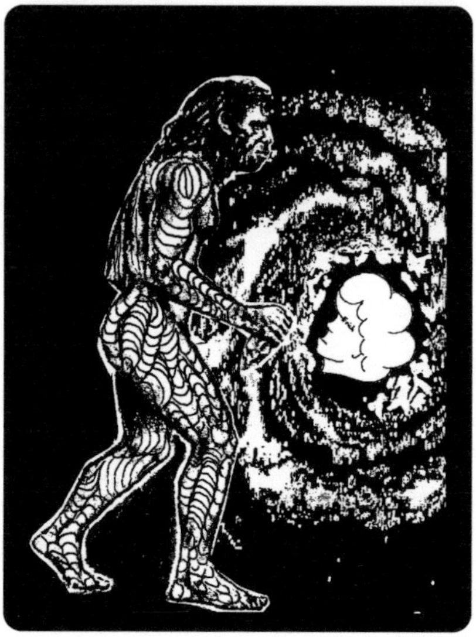

## david und goliath

von hier oben siehste so breit aus wie einen hering zwischene augens! brüllte goliath!
die philister lachten sich halbtot über diese bemerkung.
einmal als mensch auf diese welt kommen zu dürfen - und dann nicht größer als 142 zentimeter zu werden! dachte david verbittert - und ließ seine schleuder immer schneller kreisen.

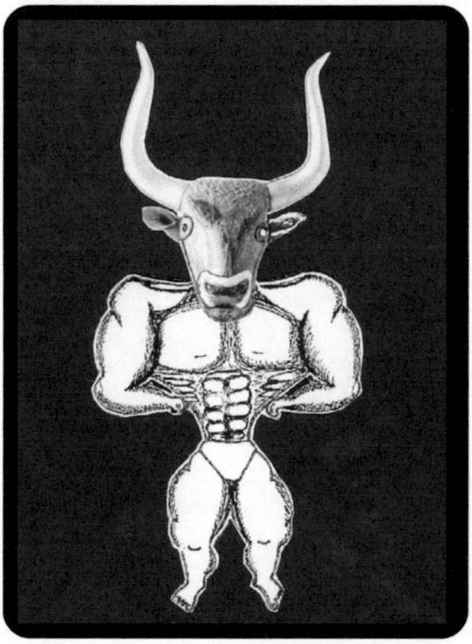

## herkules

ich weiß eine ganz neue bizepsübung!
sofort hörte herkules auf mit felsen herumzuwerfen: und???
stallausmisten.
stallausmisten?! niemalsnie!!!
ich kenne einen, fuhr der botschafter des königs augias fort, der hat - ausgeatmet! - zwei fuß oberarmumfang!! soll der etwa mister griechenland werden?!!
so kam es, dass herkules wild entschlossen zur mistgabel griff.

## in der arche

opi, im kinderzimmer regnet es jetzt schon durch die decke! mein teddy und meine muhkuh sind pitsche-patsche-nass!
noah strich seiner enkelin tröstend über die feuchten zöpfe.
wenn die dort oben nicht bald das wasser abdrehen, dachte er, dann treibt bald nur noch eine arche voller sintflut-neurotiker durch das wasser!!

## der turmbau zu babel

speis! rief der hilfspolier emil seinem handlanger zu, speis! aber dalli!
qu'est-ce que c'est? fragte der.
one, two, three! schrie gerade ein eisenflechter; gleichzeitig begann jemand chinesisch zu singen.
alles klar - keiner weiß bescheid!! schrie emil - und begann eilig vom baugerüst zu klettern.

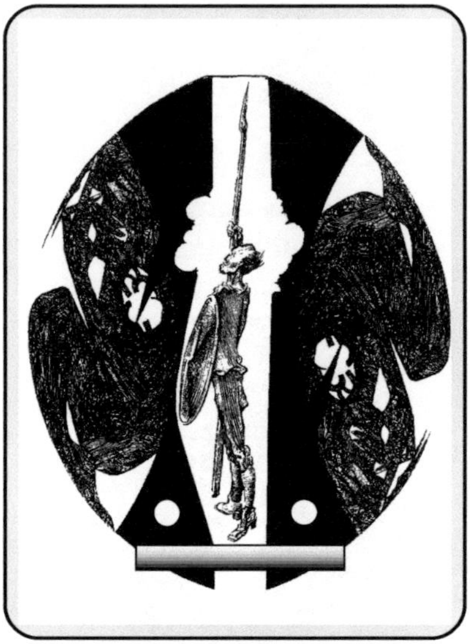

## siegfrieds kampf

jungsiegfried kam aus dem birkenwäldchen und sagte freundlich: guten morgen drache.
der brüllte jedoch lauter unhöfliche töne und bespuckte siegfried mit gift, galle und feuerflammen!
berechtigt erzürnt sang siegfried nun das nibelungenlied mit solchem ingrimm, dass dem drachen hören und sehen vergingen, er die übersicht verlor - und ins schwert stolperte.

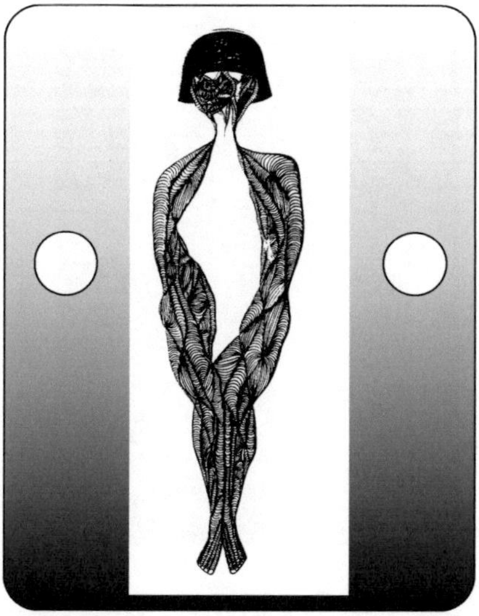

## an den ufern des rubicon

pontifex maximus julius cäsar betrat die kantine: salve kameraden!
salve imperator!!
irgendwelche klagen? zu warmes bier? zu kalte frikadellen? zu dünne weiber?
der meisterlegionär machte meldung: alles klar chef!!!
rührt euch! sagte cäsar.
wetten, flüsterte ein altlegionär zu seinem legionärspraktikanten, wetten, dass der schlamassel bald losgeht?!

**die entdeckung amerikas**

überall standen welche und kauten. klebrige fäden schossen aus ihren mündern, wickelten sich um seine arme und beine; klebten an haar und gesicht. er floh. doch überall standen welche und kauten; klebrige fäden bedeckten seinen körper, drohten ihn zu ersticken ...
schweißgebadet erwachte kolumbus von dem ruf: land in sicht!!

## casanovas traum

donna elvira von den vereinigten rasierwerken rief an, du hättest ihr nicht genügend lust zugefügt!
frau casanova schaltete einen gang höher: sechs reklamationen in dieser woche! willst du auf hartz-vier? und was dann?!
dann schreib ich meine memoiren, murmelte casanova, drehte sich zur wand - und schon schnarchte er völlig entspannt.

# Kapitel 6

## die schrumpfstory von den freuden der bildungsreform

### *und weitere geschichten von irrtümern und lernprozessen*

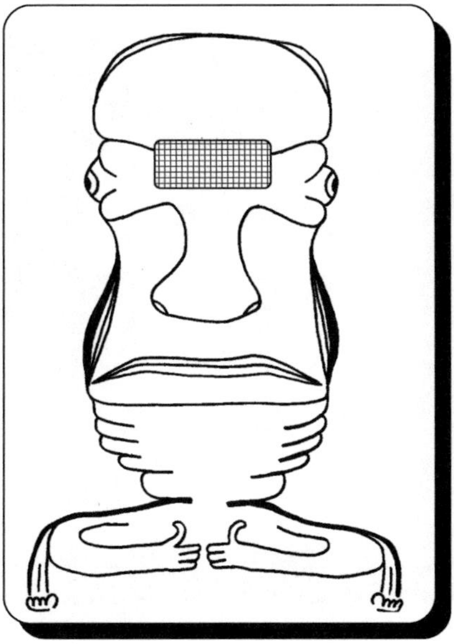

## bildungsreform

es dauerte vierzehn monate, bis wir ihn überzeugen konnten, dass postglazial haarausfall bedeutet.
es ihm wieder auszureden dauerte natürlich wesentlich länger.
nach diesem prinzip arbeitet unsere firma nun schon neunzehn jahre. mit viel erfolg, wie uns die betreuten und ihre angehörigen immer wieder gerne bestätigen.

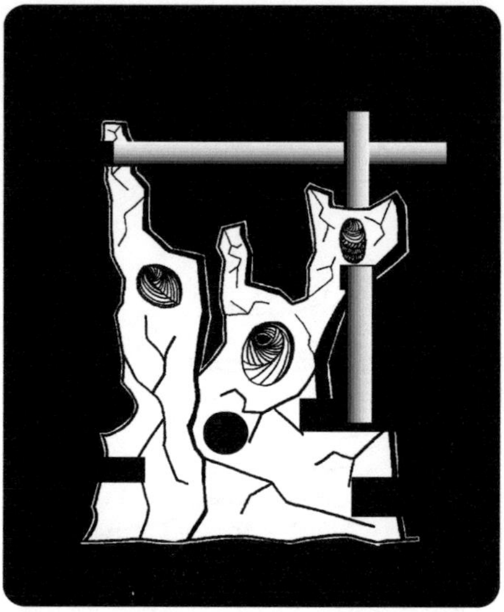

## lernprozesse

die erste hausschlachtung war eigentlich ein misserfolg. als sie es nämlich schlachten wollten, da wehrte sich das haus mit fenstern und türen.
schließlich gelang es doch, aber da war es sehr übel zugerichtet.
heute schlachten sie bis zu siebzehn häuser am tage. sauber und unauffällig.

**naturpädagogisches**

triebling, rauschte der baumschüler fliederbusch - sekundarstufe hellgrün - zu seiner klassenkameradin linde, in baumschulen wird koedukativ erzogen, sollen wir uns verloben?
in diesem möglicherweise entscheidenden augenblick griff der lehrer für wald-und-wiesen-kunde - oberbaumrat korkeiche - ein: fliederbusch, für so was sind sie noch nicht grün genug! kriegen sie erstmal ein paar anständige triebe!!

abcdefghijklmnopqrstuvwxyz
abcdefghijklmnopqrstuvwxyz
abcdefghijklmnopqrstuvwxyz
abcdefghijklmnopqrstuvwxyz
abcdefghijklmnopqrstuvwxyz
abcdefghijklmnopqrstuvwxyz
abcdefghijklmnopqrstuvwxyz
abcdefghijklmnopqrstuvwxyz
abcdefghijklmnopqrstuvwxyz
abcdefghijklmnopqrstuvwxyz
abcdefghijklmnopqrstuvwxyz
abcdefghijklmnopqrstuvwxyz
abcdefghijklmnopqrstuvwxyz
abcdefghijklmnopqrstuvwxyz
abcdefghijklmnopqrstuvwxyz
abcdefghijklmnopqrstuvwxyz
abcdefghijklmnopqrstuvwxyz
abcdefghijklmnopqrstuvwxyz

## arrogant

seitdem wir den computer mit manuskripten fütterten und über die veröffentlichung entscheiden ließen, steigerten wir den verlagsgewinn um 254 Prozent!

heute um zwölfuhr mittags begann er ein eigenes buch zu schreiben. um 16.38 uhr war es fertig. 8469 seiten mit dem titel: es ist schön ein unmensch zu sein!

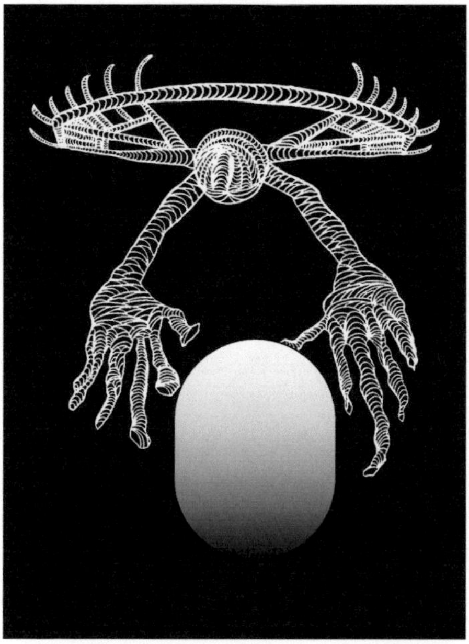

**es lebe der kleine unterschied**

der mensch ist etwas, das überwunden werden sollte, rief der hyperanthropos jedesmal, wenn er jemanden bei den füßen fasste und mit dem kopf gegen einen felsen schmetterte - ein geräusch wie platzende autoreifen. gleiche worte sprach schon nietzsche - allerdings ohne dabei zu schmettern.

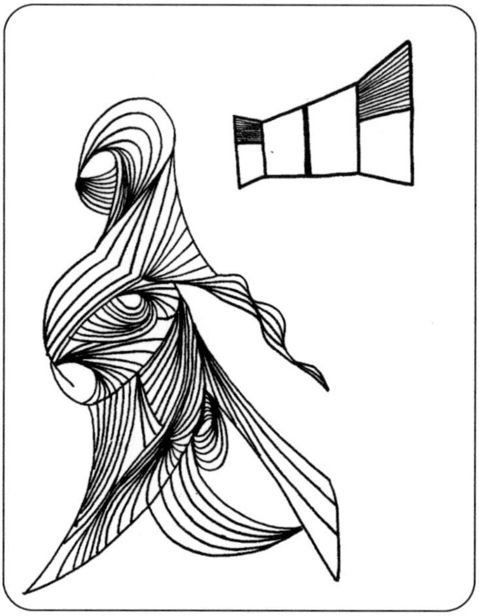

## die verhandlung

es ist wahrlich kein zeichen guter kinderstube wenn man eine frau - selbst wenn es die eigene ist - zum fenster hinauswirft!
diese harten aber auch gerechten worte sprach der staatsanwalt und drohte mit dem zeigefinger.
der angeklagte schluchzte.
da öffnete die zeugin ein fenster - und flog davon.

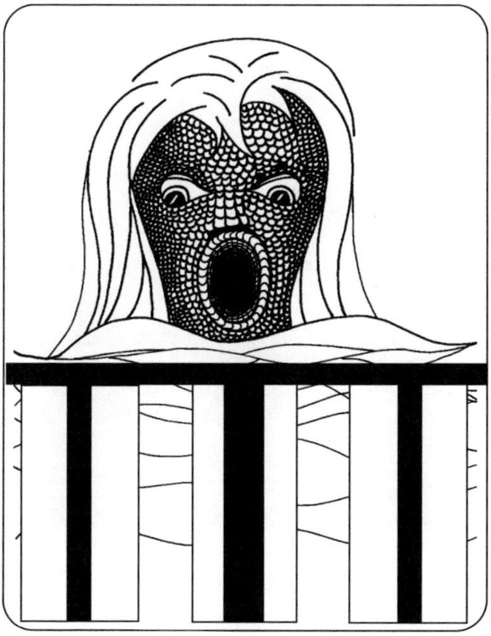

## metamorphose

sie war die zweiundzwanzigste die heute ins illusionszelt gebracht werden musste. sie wehrte sich genau so heftig wie alle anderen.
sie brachen ihr die handgelenke, schlüsselbeine und sechs rippen.
als sie dann das zelt wieder verließ da rief sie fröhlich: kinder, muss das leben schön sein!

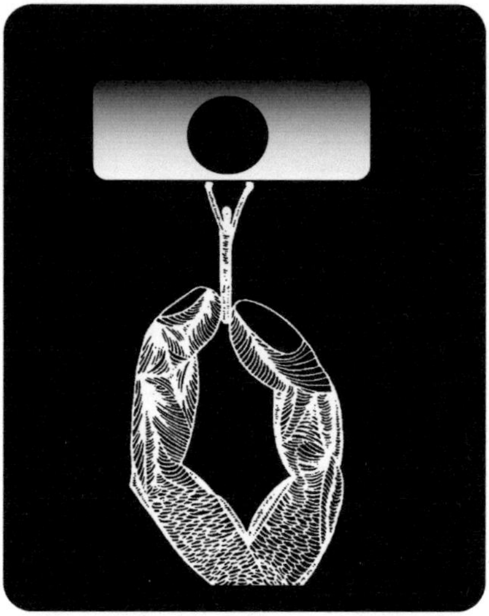

## förderunterricht

und was gab es heute in überlebenskunde?
na das übliche: steinbeilschleifen unter erschwerten atmungsbedingungen - höhlenbuddeln ohne hilfsgerät - und leiden ohne zu klagen.
ich nehme an, das letzte thema wurde wieder einmal zu flüchtig behandelt, bemerkte der vater, denk an dein abiturzeugnis! wir müssen sofort ins labor zum nachhilfeunterricht!

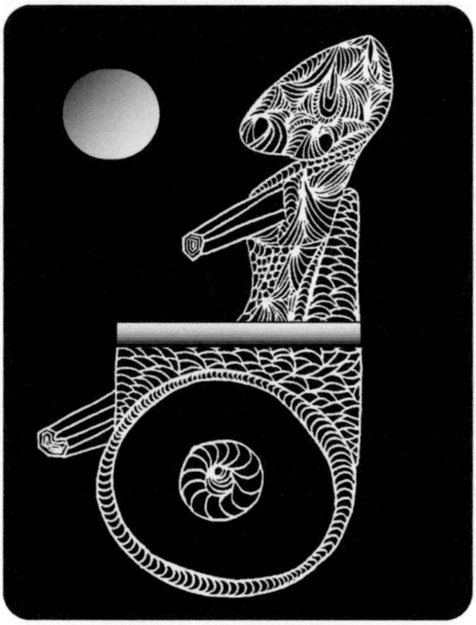

## die wohltäter

einem sägten sie die arme dicht unterhalb der ellbogengelenke ab.
zum geburtstag schenkten sie ihm dann zwei ausgezeichnet sitzende prothesen.
einem anderen durchtrennten sie die nervenbahnen der unteren extremitäten. sein rollstuhl ist ein prachtexemplar.
und das waren nur zwei fälle von vielen. wirklich, sie geben sich die größte mühe.

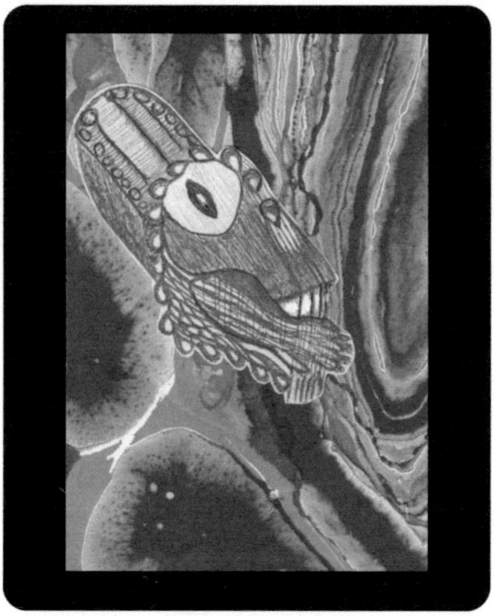

## die berufung

professor albinow ist unser genialster wissenschaftler und zur mitarbeit an der intergalaktischen universität bereit, sagte der un-präsident - welche aufgabe wird ihm übertragen?
wir brauchen dringend einen neuen universitätstrottel, antwortete der regenbogenfarbige.
ein sehr verantwortungsvolles amt, lachte der präsident.
unglaublich, kicherte später das exoskelett, merken die denn wirklich nichts!?

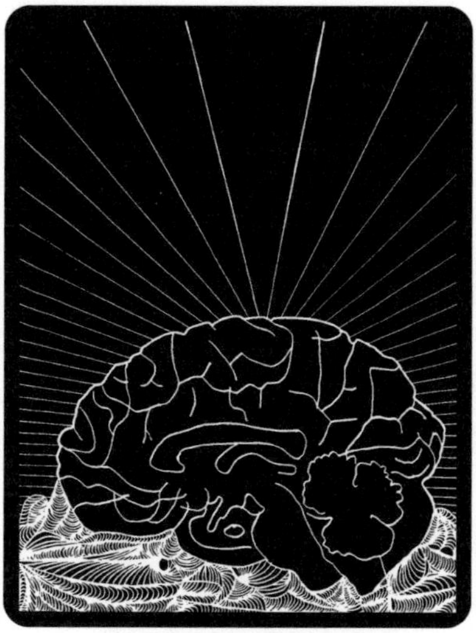

## rätselhaft

die radiobotschaft kam direkt aus der sonne. ganz zufällig hatte man sie entdeckt. immer wieder die gleichen zeichen.
es dauerte jahre, ehe man entschlüsseln konnte: cogito ergo sum - ich denke, also bin ich!
lange zeit schüttelten die gelehrten ihre häupter, bis schließlich einer sagte: wer hätte das gedacht?!

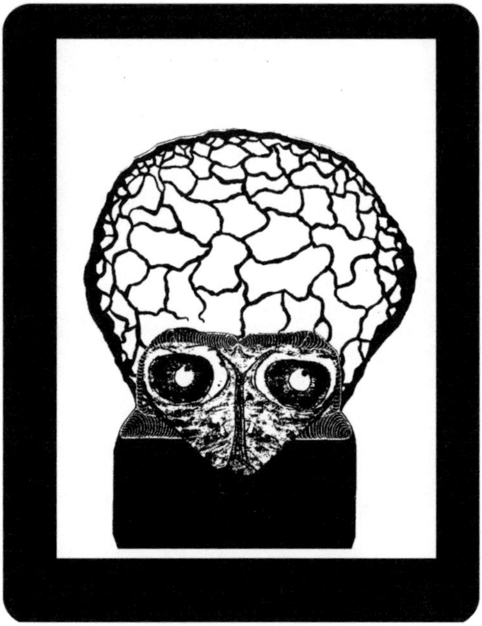

## das beste kind

es sollte unser bestes kind werden - wir gingen bei seinen geburten mit größter sorgfalt vor.
selbst delta, dem es normalerweise kaum gelang, zwei auch nur einander ähnliche hände zu gebären, gab sich die größte mühe!
dann setzten wir es zusammen.
unbeweglich stand es da. lange.
ehe es uns ansah und weinte.

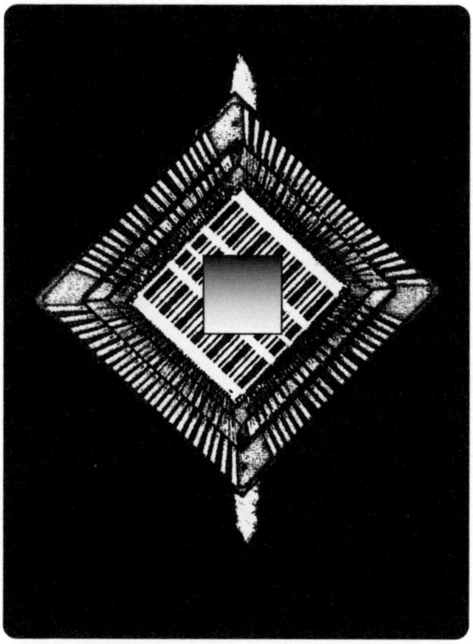

**volk der denker**

wir denken uns einfach weg. und zwar jeden dienstag; denn dienstag war immer unser pflichtgrübeltag.
war auch an den anderen tagen bei uns, ehrlich gesagt, nicht sehr viel los, dienstag war sozusagen der absolute nullpunkt!
viele jahre grübelten wir herum, bis schließlich jemand sagte: denken wir uns doch einfach weg!

## der letzte walzer

die erschöpfungskurve hatte den vorgeschriebenen maximalwert erreicht und die senilakrobaten wurden von der bühne geräumt.
das beifallshusten wollte kein ende nehmen; ja, jemand versuchte sogar begeistert zu kichern!
nun schoben die robotpfleger die nächste rollstuhlreihe auf die bühne und verabreichten die injektionen.
die patienten erhoben sich und begannen den abschiedstanz.

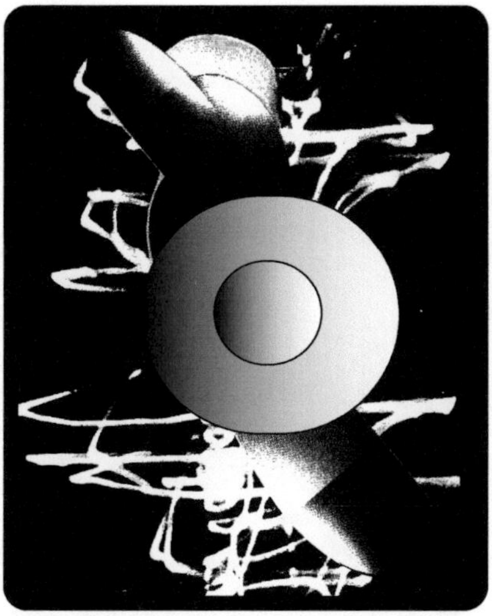

## therapie

ein wasserstoffatom, das an der vorstellung litt, es sei gespalten, suchte aus diesem grund einen atompsychiater auf.
die konsultation dauerte eine mikrosekunde und ergab: das elektron sei zwar ein wenig zu negativ, aber immer noch innerhalb der toleranzgrenze. ansonsten: ohne befund.
der psychiater verordnete: entspannung - entspannung - und noch einmal: entspannung.

## lektion 48

die leichen wurden abgehäutet, in scheiben geschnitten und in eine säure geworfen. dann wurden sie aufgefressen! viele unserer ahnen ereilte dieses schicksal. das war das barbarische zeitalter!

die lektion war beendet. die wesen, nur entfernt noch an salatgurken erinnernd, zogen ihre fühler aus der lernmaschine und rollten sich nachdenklich zusammen.

## die rückkehr

langsam kam ich auf mich zu. je näher ich kam, desto genauer betrachtete ich mich.
du hast dich gar nicht verändert, dachte ich - dann war ich da.
ich zeigte keine überraschung. alles verlief selbstverständlich, undramatisch und ruhig.
nur für einen moment schien es, als sei ich von mir etwas enttäuscht.

**optimist**

ich bin dafür; ganz schlicht und einfach: dafür.
kommen sie mir doch nicht mit argumenten! derartige haarspaltereien sind mir zutiefst zuwider - sie ekeln mich regelrecht an!
es ist mein gutes recht, dafür zu sein; und ich mache von diesem meinem recht ausgiebigen gebrauch.
jawohl, ich bin dafür!!!

Foto: Peter Happel

## pessimist

ich bin dagegen; ganz schlicht und einfach: dagegen.
kommen sie mir doch nicht mit argumenten! derartige haarspaltereien sind mir zutiefst zuwider - sie ekeln mich regelrecht an!
es ist mein gutes recht, dagegen zu sein; und ich mache von diesem meinem recht ausgiebigen gebrauch.
jawohl, ich bin dagegen!!!

# WIE SCHRUMPFSTORIES ENTSTEHEN

Ich stamme aus einer masurischen Bauernfamilie. Das einzige Buch, das wir meiner nach Erinnerung besaßen, war die Bibel. Als wir dann im Januar 1945 fliehen und ein Jahr später Masuren verlassen mussten, kamen wir auf Umwegen ins Ruhrgebiet. Dort konnte ich nach einer Zwangspause von zwei Jahren wieder die Schule besuchen. Mit Hilfe guter Lehrer gelang es mir zwei Klassen zu überspringen, so dass ich nach nur 6 Jahren Unterricht die Volksschule mit der 8. Klasse abschließen konnte. Mit 14 Jahren begann ich dann auf der Zeche Gewerkschaft Auguste Victoria zu arbeiten. 11 Jahre lang blieb der Bergbau mein Arbeitsplatz.

Damals erhielt man in Nordrhein-Westfalen noch die große Chance auch ohne Abitur zum Studium zugelassen zu werden; vorausgesetzt, man bestand eine Aufnahmeprüfung, die die Studierfähigkeit bewies. Deshalb bewarb ich mich im Herbst 1960 um einen Studienplatz an der Deutschen Sporthochschule Köln.

Die Aufnahmeprüfung dauerte 5 Tage. Wir waren 153 Bewerber von denen 18 als Ausnahmestudenten zum Studium zugelassen wurden. Nach weiteren zwei Probesemestern wurden 16 von uns ins Vollstudium übernommen.

Ich schloss mein Studium mit dem Examen als Diplom-Sportlehrer ab und übernahm eine zeitlang eine Arbeit, die mich intellektuell deutlich unterforderte. In dieser Situation begann ich mit literarischen Schreibversuchen; es war, um es ein wenig pathetisch zu formulieren, wahrscheinlich eine Art geistiges Überlebenstraining.

Damals schrieb ich vorwiegend Texte, die ich für Kurzgeschichten hielt, die mich jedoch nicht unbedingt zufrieden stellten.

An dieser Stelle sollte es wohl erwähnt werden, dass ich eine masurische Großmutter hatte, die wegen ihrer Geschichten dorfberühmt gewesen ist. Dass diese Geschichten nicht immer der realen Wiedergabe von Wirklichkeit entsprachen, ist sehr wahrscheinlich, jedoch für ihre Zuhörer scheinbar nicht sonderlich wichtig gewesen, da sie in überzeugender Weise vorgetragen wurden. Und ich nehme an, dass die Geschichten meiner Oma Luise meine frühkindliche Erinnerung prägten und meinen Phantasievorrat so anreicherten, dass es für den Rest meines Lebens genügen dürfte.

Doch zurück zu jenem Sommer des Jahres 1965, in dem ich jene Kürzestgeschichten erfand, die ich schrumpfstory nannte.

Aufgrund der schon erwähnten Arbeitssituation und meiner großmütterlichen Prägung ergaben sich nun gewisse Schwierigkeiten die auf mich einstürmende Gedanken-Fülle schriftlich einigermaßen überschaubar zu strukturieren. Deshalb suchte ich nach Wegen, um diese Fülle in geordnetere narrative Bahnen zu lenken und die meinen damaligen Ansprüchen genügten.

Ich begann kurze Texte zu schreiben, die eine gewisse Anzahl von Wörtern nicht überschreiten durften. Auf diese Weise entstanden im Sommer 1965 die ersten Vorläufer der schrumpfstory. Diese Vorläufer waren Geschichten die aus nicht mehr als 30 Wörtern bestehen durften.

Aber schon nach wenigen Stories stellte ich fest, dass mir

30 Wörter nicht reichten, um eine Geschichte so zu erzählen, dass sie meinen Ansprüchen genügte und ich erweiterte das quantitative Wortpotential.
Nach mehreren Versuchen einigte ich mich mit mir, dass 50 Wörter - ohne Titel - genügen müssten, um eine Geschichte so zu erzählen, dass sie als literarischer Text vor mir selber Bestand hatte; wobei allerdings auch Wortgebilde wie „ätschobalthasarpaulheinzwilli" oder „raum-zeit-kontinuum" als ein Wort galten.

Wenn ich einen Einfall, der während der literaturfremden Arbeit aufgetaucht war, zu „konservieren" versuchte, musste ich den entsprechenden Text lange in meinem Gedächtnis behalten. Ich realisierte das durch stetes Wiederholen, bis sich mir eine Gelegenheit zum schriftlichen Fixieren bot. Damals schrieb ich auf alles, was sich mir als Schreibuntergrund anbot und in die Taschen meiner Arbeitskleidung passte: Papiertüten, Zeitungsränder, Stücke von Packpapier, etc.
Aber diese Methode verursachte ein derartiges Chaos, dass die von mir erwünschte Beschränkung unter einem regellosen Papierchaos zu ersticken drohte.
Da entwickelte ich ein spezielles „Schrumpf-Story-Notations-Faltblatt-Verfahren", das eine gewisse Ordnung erleichterte; das heißt, ich faltete ein Blatt Schreibpapier zweimal und teilte es somit in 4 gleich große Rechtecke ein.
Vorder- und Rückseite gemeinsam ergaben dann 8 Schreib-Felder. Das gefaltete Papier war nun so klein, dass es in die Tasche meiner Arbeitskleidung passte, jedoch auseinander gefaltet wieder ein Din-A-4-Blatt er-

gab, das sich in einem Akten-Ordner aufbewahren ließ. Ich war also nicht mehr gezwungen mich durch einen Hügel von Altpapierschnipseln, die ich in einem Schuhkarton aufbewahrte, hindurch zu wühlen.
Das auf diese Weise gefaltete Papier hatte noch einen weiteren Vorteil: Es erlaubte mir bis zu 8 verschiedene Schrumpf-Story-Einfälle auf einem einzigen Blatt zu notieren. Und an manchen Tagen war das durchaus der Fall.

Je länger ich mich in meine „Schrumpfstory-Welt" hineinschrieb, desto wichtiger wurde es mir, die Ideen und Wortketten relativ rasch schriftlich zu notieren. Auf diese Weise blockierte ich mein Gedächtnis nicht mehr durch Wiederholungen; und es entstand ein synaptischer Spiel-Raum, in dem sich neue Einfälle manifestieren konnten.
Ich habe von dem einst benutzten Ursprungsmaterial noch so viel wiedergefunden, dass sich diese Entstehungsphase gut rekonstruieren lässt und in der Rückschau einen Einblick in die damals bei mir stattfindenden Prozesse gestattet.
Meine schrumpfstories entstanden auf drei unterschiedliche Arten.

Entstehungstyp 1:
Eine Wortkette kam in mein Bewusstsein; zum Beispiel:

- „zwei bäume, die schon viele jahre nebeneinander gestanden hatten, überkam eines tages die liebe ..."
- „gegen mitternacht, wenn die springbrunnen müde werden - springen sie mal den ganzen tag ..."

- „nach ihrem vorletzten rennen dauerte es sieben tage, bis trudl wieder aufrecht gehen konnte ..."
- „sie war die zweiundzwanzigste, die heute ins illusionszelt gebracht werden musste ..."

Entstehungstyp 2:
Ein Reizwort, eine Art Sandkorn im Muschelfleisch der Phantasie, provozierte mich es zu einer schrumpfstory anwachsen zu lassen z. B.: „hausschlachtung" - „blitzgespräch" - etc.

Entstehungstyp 3:

Eine bekannte Geschichte oder Person reizte mich, sie in eine schrumpfstory zu verwandeln; z. B.: „hänsel und gretel"- „adam" - „der froschkönig" - „siegfried" - „schneewittchen", etc.

Texte des Typs 1:
Das waren die reizvollsten; denn nachdem der Anfang in meinem Bewusstsein aufgetaucht war, war ich sehr gespannt, wie sich die Story entwickeln würde, wie ich aus diesem mehr oder weniger „geschenkten" Beginn eine abgeschlossene Geschichte machen könnte; denn erst in dieser Entstehungsphase begann die eigentliche und in den meisten Fällen auch recht mühsame Textarbeit:

- Ich erfand Anschluss-Sätze -
- veränderte und tauschte Wörter -
- wechselte Satzteile aus - bis ich schließlich die „50-Wortmarke" unterschritt.

Auf diese Weise erlebte manche Geschichte bis zu 6 verschiedene Fassungen, ehe es eine nach meinem Sprachgefühl „runde" Story wurde. Erst nach dem Abschluss der Arbeit am Text bestimmte ich dann den endgültigen Titel.

Da es damals noch keine Schreibcomputer gab, musste ich bei Änderungen auch Texte, die schon ihre Schreibmaschinenfassungen erfahren hatten, neu schreiben.
Und da ich aus Ersparnisgründen manchmal bis zu fünf schrumpfstories auf einer Manuskriptseite untergebracht hatte, machten solche Korrekturen das Neuschreiben einer ganzen Seite erforderlich.

Texte des Typs 2:
Ich beschäftigte mich eine Zeit lang mit dem entsprechenden Reizwort, z. B. „blitzgespräch", mehr oder weniger unterbewusst; denn war mir ein derartiges Wort aufgefallen, ließ ich es wieder „absinken", das heißt, ich dachte nicht mehr daran und beschäftigte mich mit anderen Dingen.
Dann, sehr plötzlich - manchmal jedoch erst nach Tagen - tauchte ein Reizwort wieder in meinem Bewusstsein auf und „schleppte" Sätze hinter sich her, beispielsweise zu „blitzgespräch: „zwei blitze, die während eines frühlingsgewitters gleichzeitig zur erde zucken mussten, funkten einander kurz zu ..."
Nun wurde diese Story in der bei Typ 1 schon erwähnten Weise zu Ende gearbeitet.

Texte des Typs 3
Das waren die verhältnismäßig einfachsten. Ihre Hauptpersonen sind ja allgemein bekannt, manchmal auch schon ein gewisser Handlungsverlauf vorgegeben. Es musste also

nur noch eine Situation gefunden werden, die dem Charakter einer schrumpfstory entsprach.
Bei diesen Geschichten war es für mich in erster Linie der Spaß an der Veränderung, an der „Schrumpfung" des Vorgefundenen, der mich reizte.

Da mir meine Arbeitssituation damals nur das heimliche Notieren von Einfällen erlaubte, beendete ich die angefangenen schrumpfstories dann nach Feierabend und an den Wochenenden.
Diese sehr intensive „Schrumpf-Story-Zeit" dauerte etwa 3 Monate und hatte circa 450 dieser Kurztexte als Endergebnis.

Der nächste „Schreibschub" wurde von mir nach einer Pause von zwei Jahren realisiert und ließ in 5 Wochen etwa 150 schrumpfstories entstehen.
Nach einer längeren Lagerungszeit wählte ich dann aus dem „Rohmaterial" dieser circa 600 Geschichten etwa die Hälfte aus, die ich in thematische Gruppen einteilte, z. B.: „Märchen", „Sport", „Utopie".

Nun begann die Odyssee des Suchens nach einer Veröffentlichungsmöglichkeit. Mit jeder Rücksendung des Manuskriptes schwand meine Motivation am literarischen Schreiben ein wenig mehr.
Bis eines Tages ein Lektor der Manuskriptrücksendung einen persönlichen Brief beifügte, in dem er mir mitteilte, dass er sich für eine Veröffentlichung sehr stark eingesetzt habe, da meine schrumpfstories literarisch außergewöhnlich seien, aber maßgeblichere Leute des Verlages wären der Meinung gewesen, sie würden, trotz ihrer literarischen Qualität, kein großer Geschäftserfolg werden.

Nach diesem Brief ließ ich meine schrumpfstories für ein paar Jahre im Archiv der ungedruckten Gedanken verschwinden.

Aber durch dieses „Learning-by-doing-Verfahren" hatte ich mein literarisches Sprachgefühl deutlich geschärft. Ich hatte erfahren, dass die formale Begrenzung auf die 50-Wort-Regel meine Schreibdisziplin wesentlich verbessert hatte; waren doch die Urfassungen der meisten Texte länger als es die selbstgewählte Form gestattete.
Auch hatte ich gelernt, dass die Verstärkung von Aussagen durch das Umstellen einzelner Wörter oder das Zusammenstreichen von Wortfolgen erreicht werden konnte - und dass weniger oftmals mehr sein kann; sowie: Dass der beste Freund des Schriftstellers nicht, wie irrtümlicher Weise von manchen Experten immer noch behauptet wird, die Flasche ist, sondern der Papierkorb!

Dann allerdings musste noch über ein Jahrzehnt vergehen, ehe ein Teil des damals erarbeiteten und mehrere hundert schrumpfstories umfassenden Bestandes als Buch veröffentlicht werden konnte. Bis dann die Idee, eine Auswahl durch bildnerische Elemente zu ergänzen entstand, dauerte weitere vier Jahrzehnte, so dass seit ihrer Erfindung inzwischen ein halbes Jahrhundert vergangen ist.

## Die Schrumpfstory-Erweiterungsphase

In der Zwischenzeit hatte ich meinen schrumpfstories jedoch keine Erschöpfungsruhe gegönnt, sondern auf unterschiedliche Weise begonnen, ihre Multifunktionalität zu erproben; z.B.:

- 1968 in meiner praktischen Examensarbeit an der Akademie Remscheid für musische Bildung und Medienerziehung. Unter der Bezeichnung „N 68" verwirklichte ich ein Experiment, das aus Bewegungstheater, Licht, elektronischer Musik, Film und Literatur bestand, in dem 10 Darsteller 31 schrumpfstories „ins Spiel brachten."
- 1972, ich hatte das Studium der Erziehungswissenschaften an der Universität Essen gerade begonnen, beteiligte ich mich am Wettbewerb zum „Hörspielpreis der ARD für Minutenhörspiele". Ich hatte aus fünf schrumpfstories die schriftliche Vorlage für ein Hörspiel entwickelt, das ich „lernprozesse" nannte.
  Aus 2391 Bewerbungs-Hörspielen erhielt „lernprozesse" den 1. Preis und wurde anschließend in allen der ARD angeschlossenen Rundfunkanstalten gesendet.
- Im gleichen Jahr machte ich einen weiteren Versuch schrumpfstories in der Öffentlichkeit zu präsentieren - und zwar während des Kulturprogramms der Olympischen Spiele '72 in München. An diesem bisher einzigartigen Versuch einer „Olympischen Spielstraße", angeregt durch den Architekten Prof. Werner Ruhnau, an der Künstler unterschiedlicher Kunstsparten aus aller Welt beteiligt waren, nahmen täglich bis zu 100 000 Besucher teil.
  Ich nannte mein multimediales Projekt „Progressives Kunst-Training". Es war ein darstellerisches Experiment aus Literatur, Pantomime, Musik, Sport und bildender Kunst, in dem die Rezitation von schrumpf-

stories den „roten Faden" bildete
Meine tägliche Solo-Veranstaltung dauerte circa eine Stunde und fand auf einem niedrigen Podest von 4 mal 4 Metern statt - also sozusagen auf der Straße. Und sie brachte mir neue Erfahrungen der Präsentation von literarischen Texten in der Öffentlichkeit sowie im Umgang mit einem wechselnden Publikum.

- In den 1970-er Jahren hatte ich auch begonnen, mich intensiver mit filmischen Experimenten zu beschäftigen. Gemeinsam mit meiner Frau realisierten wir damals eine Reihe von Kurzfilmen im Format Super-8 und 16 Millimeter. Während dieser Zeit entstand 1973 der Super-8-Film „Glas", in dem mehrere schrumpfstories integriert waren.
- Und 1978 sind dann im Verlag Helmut Braun erstmalig 120 schrumpfstories als Buch erschienen; in jenem Kölner Literaturverlag, in dem Klaus Peter Wolf als Lektor und Herausgeber tätig war. Und diese Buchveröffentlichung hat mich dann motiviert, schrumpfstories weiterhin der Öffentlichkeit zu präsentieren.
- 1979 veröffentlichten dann Ulrich Homann und Norbert Wehr, Herausgeber der Literaturzeitschrift „Schreibheft", in ihrem Essener Verlag weitere schrumpfstories unter dem Titel „Zeit der Pilze".
- 1982 erschienen 110 schrumpfstories im Stuttgarter Spectrum-Verlag - und damit überschritten sie als „Blitzgespräch" auch die Mainlinie zum literarischen Süden Deutschlands.

- In dem Jahrzehnt zwischen 1982 und 1992 hatte ich mich dann besonders auf die erziehungswissenschaftliche Arbeit konzentriert; beispielsweise auf Schreibwerkstätten mit Jugendlichen und Erwachsenen sowie die Erarbeitung und Verwirklichung literarischer Konzeptionen - etwa die Realisation des „Literaturpreises Ruhrgebiet“ oder den Aufbau des NRW-Literaturbüros Ruhrgebiet. Ich veröffentlichte in dieser Zeit auch längere Texte und Romane und widmete mich der grenzüberschreitenden deutsch-polnischen Begegnung.

- 1992 wurde ich dann von dem Kommunikationswissenschaftler Prof. Werner Platzeck gebeten, mit meinen schrumpfstories einen literarischen Abend im Festspielhaus Recklinghausen zu gestalten. Und zwar im Rahmen einer Grafikausstellung, die dort aus Anlass der Eröffnung der „Woche des Sports“ der Ruhrfestspiele stattfand. Bei dieser Gelegenheit wurde ich positiv an meine Schrumpfstory-Vergangenheit erinnert und nahm sie wieder in meinen literarischen Fokus.

- 1993 kam es, initiiert von dem Musikredakteur des Westdeutschen Rundfunks, Dr. Ulrich Kurth, zu einer Begegnung mit den beiden Jazzmusikern Theo Jörgensmann und Eckard Koltermann. Sie mündete in eine Zusammenarbeit beim Rheinischen Musikfest in Essen.

- Dort, im Essener Theater CasaNova, wurde dann das musikliterarische Stück „Kakerlaken Blues“ aufgeführt, in dem meine schrumpfstories durch Schauspieler und Jazz-Musiker interpretiert wurden.

- Diese Veranstaltung wurde zur Basis einer 90-Minuten Radiosendung, die noch im gleichen Jahr vom Westdeutschen Rundfunk ausgestrahlt wurde.

Neben dem bisher Aufgeführten realisierte ich noch weitere Versuche mit schrumpfstories. Doch die bisherige Aufzählung verdeutlicht schon die vielseitigen „Nutzungsmöglichkeiten" dieser literarischen Kurzform zur genüge.

## Schritte vom Wort zum Bild

Wie ich schon erwähnte ist der Hauptteil der schrumpfstories während der Jahre 1965 und 1967 entstanden. Aber auch in den weiteren Jahrzehnten habe ich ab und an, wenn auch nur noch selten, einem Exemplar den Sprung in die literarische Wirklichkeit gestattet.

Da ich nun zunehmend an Romanen, Theaterstücken, Hörspielen oder Sachbüchern arbeitete, die andere methodische Vorgehensweisen erforderten, waren diese späten schrumpfstories mehr oder weniger „literarischer Beifang", den ich allerdings nicht über Bord warf, sondern vereinzelt in dieses Buch hier einfügte; sozusagen als Erinnerung an den langen und mühsamen Weg ihrer Vorfahren „empor zum Licht" der Öffentlichkeit.

Parallel zu meiner literarischen Arbeit realisierte ich seit Anfang der 1970-er Jahre grafische Arbeiten, die ich vorwiegend in Zeitschriften veröffentlichte; später auch in eigenen Ausstellungen. Ich wurde Mitglied der in diesen Jahren entstandenen Bewegung „Grafik der Arbeitswelt" und schloss mich der „Grafikwerkstatt Wuppertal" an. Dort arbeitete ich an verschiedenen Grafik-Projekten mit.

Später erprobte ich weitere Möglichkeiten des bildnerischen Arbeitens, in das auch filmische Experimente einflossen und so sammelte ich im Laufe der Jahrzehnte mein visuelles Erfahrungspotential. Ein Beispiel könnte das Buch „Olympische Gefühle - oder als Arnold Schwarzenegger zum Stechen nach Essen kam", sein. In diesem 1996 erschienenen Buch sind Bild und Wort, fokussiert auf das Thema Sport - den „besten Freund des Menschen" - solistisch oder den Text ergänzend aufgeführt.

Die in „schrumpstory 5.0" versammelten Texte nun sind mein Versuch, ihre assoziativen „Spielmöglichkeiten" durch eine grafische Darstellung zu ergänzen oder auszuweiten. Und da ich jede schrumpfstory als einen in sich geschlossenen Text betrachte, ein literarisches Individuum sozusagen, habe ich auch jeder Story eine entsprechende Grafik zugeordnet.

Meine Beziehungen zwischen Schrift und Bild folgen einem assoziativen Prinzip und haben keinen einheitlichen Stil der angewandten grafischen Techniken; benutze ich doch sowohl zeichnerische Elemente als auch Collagen - und ergänze sie durch Möglichkeiten des Computers.
Diese hier praktizierte Art der grafischen Präsentation könnte vielleicht auch als Kontrapunkt zur begrenzten Wortzahl der schrumpfstories gedeutet werden. Aber in diesem sehr individuellen Beziehungsgefüge gibt es so manche Möglichkeit für persönliche Fehldeutungen, die ich jedoch sehr gerne Kritikern überlasse, denen sich hier ausreichend Chancen eröffnen, um ihre berufsimmanente Wortgewalt an der Unvollkommenheit von uns Urhebern publikumswirksam zu schärfen.

## 50 Jahre Schrumpfstory

Es ist also rund ein halbes Jahrhundert vergangen, als schrumpfstories ihre erste Schreibbewegung in der Gutenberg-Galaxis begonnen haben.
Inzwischen hat sich ein beträchtlicher Teil der Menschheit in den unübersichtlichen Nebenhöhlen des Internets versteckt und ungezählte Aufsichts-Satelliten umkreisen die Atemhülle unseres Planeten und weltumspannende Abhöranlagen belauschen sich nicht nur gegenseitig, nein, sie wagen sich sogar in die unendliche Weite des Universums, um anschließend fremden Intelligenzen mitzuteilen, wie friedfertig doch die Menschheit sei!

Doch bleiben wir mit unseren Worten und Bildern im Raumzeit-Gefüge der Allgemeinen und Speziellen Relativitätstheorie. Und deshalb möchte ich endlich die Leserinnen und Leser ganz herzlich ermuntern, es doch selber zu versuchen! Genügen doch schon maximal 50 Wörter der deutschen Sprache, um sie zu einer schrumpfstory zusammenzufügen. Das würde, so hörte ich, schon von einigen jungen Menschen durchaus freudvoll realisiert. Zögern Sie also nicht länger, greifen Sie ein!

Zum Ende dieser langen Ausführungen möchte ich mich nun noch dafür entschuldigen, dass ich 14 Seiten benötigte, ehe ich diese Ermunterung zum Selbstversuch formulierte. Doch bedenken Sie bitte: Es waren 50 Jahre die ich auf 14 Seiten Text einschrumpfen musste!

Schmallenberg, im Sommer 2014

**Biografische Notizen**

In Masuren geboren, erlebte ich als Kind Krieg, Flucht und Vertreibung - und kam 1946 ins Ruhrgebiet. Dort arbeitete ich 11 Jahre im Bergbau, wurde dann Ausnahmestudent an der Deutschen Sporthochschule Köln: Dipl.-Sportlehrer.

Ich studierte an der Akademie Remscheid Theater und Literatur; an der Universität Essen Medienpädagogik, Germanistik, Kunst, Erziehungswissenschaften: Dipl.-Pädagoge.

Ich arbeite als Publizist und Schriftsteller, Erziehungswissenschaftler, Sportpädagoge, entwickle kulturpolitische Konzepte und gestalte Bücher.

In den 1980-er Jahren initiierte ich den „Literaturpreis Ruhrgebiet" und war Gründungsmitglied des Literatur-Rates NRW und des Literatur-Büros NRW-Ruhrgebiet - sowie 7 Jahre stellv. NRW-Vorsitzender des Verbandes deutscher Schriftsteller (VS).

Seit den 1970-er Jahren widme ich mich der grenzüberschreitenden Begegnung mit Polen und initiierte im Jahr 2000 den deutsch-polnischen Schriftstelleraustausch Sauerland - Ermland-Masuren.

In Zusammenarbeit mit dem Westpreußischen Landesmuseum und dem polnischen Muzeum Regionalne w Krokowej entstand aus meinem Buch „Masurische Gnadenhochzeit" die bilinguale Ausstellung „Ost-West-Begegnungen in Krieg und Frieden-Wschodnie i zachodnie spotkania w wojny i pokoju", die seit 2005 an bisher 25 Orten in Deutschland und Polen präsentiert werden konnte.

Ich veröffentlichte ca. 40 Bücher: Romane, Erzählungen, Sachbücher - sowie Hörspiele, Theaterstücke, Liedertexte, Hörbücher, grafische Arbeiten und kulturpolitische Konzepte.

Mitgliedschaften: z.B.: Internationaler P.E.N./Exil-P.E.N.; VS; Kulturpolitische Gesellschaft; NRW-Literaturbüro Unna und Ruhrgebiet; Deutsche Olympische Gesellschaft; FC Schalke 04; Europäische Autoren-Vereinigung „die Kogge"; Friedrich-Bödecker-Kreis Niedersachsen; Christine-Koch-Gesellschaft zur Förderung der Literatur im Sauerland.

Auszeichnungen: z.B.: Hörspielpreis der ARD; Literaturpreis der Künstlergilde; Stipendien des Deutschen Literaturfonds und des Kultusministers von NRW; Reisestipendien des Auswärtigen Amtes (Kanada und Polen); Stipendium des Künstlerdorfes Schöppingen.

## Über den Verlag lieferbare Werke des Autors:

**Masurische Gnadenhochzeit**

Die Begegnung zwischen dem Osten und Westen Europas als Familiengeschichte in Erzählungen und Bildern.

248 Seiten, 100 Abbildungen, 24,80 Euro
ISBN 3-932037-06-5

**Der Tod des Plagiators**

Geschichten über die kriminelle Energie des Menschen - zwischen „blutigem Ernst“ und Satire.

168 Seiten - 12,80 Euro
Illustrationen - Großschrift
ISBN 978-3-932037-10-8

**Olympische Gefühle - oder als Arnold Schwarzenegger zum Stechen nach Essen kam**

Ungewöhnliche Erzählungen, Satiren und Grafiken zum Sport.

240 Seiten - über 100 Grafiken - 9,90 Euro
ISBN 3-932037-00-6

**Morgenlicht und wilde Schwäne - Brzask i dzikie labedzie**

Der Roman einer Reise nach Masuren - in deutscher und polnischer Sprache.
Übersetzung Iwona Wigórska
260 Seiten - 12,80 Euro

ISBN 3-932037-05-7

**Bis wir im Frieden sind**

Geschichten gegen das Vergessen - zwischen Krieg und Frieden.
Sowie: Text des WDR-Hörspiels „Bis wir im Frieden sind."

156 Seiten, 60 Abbildungen, 12,50 Euro
ISBN 3-932037-07-3

**Später Sommer in Masuren -**

Literarische Begegnungen zwischen Wirklichkeit und Traum - sowie der Text des Hörspiels „Begegnungen-Spotkania."

Großschrift - zahlreiche Abbildungen
156 Seiten - 12,80 Euro -
ISBN: 978-3-932037-09-2

**Märchenland Masuren**

Sagen und Märchen aus dem Land der dunklen Wälder und kristall'nen Seen.

Großschrift - zahlreiche Illustrationen
204 Seiten - - 15 Euro
ISBN 3-932037-08-1

**Der gelbe Spatz**

Eine Geschichte für Kinder und Eltern über die Freundschaft - mit Liedernoten von Klaus W. Hoffmann.

64 Seiten - 20 Illustrationen - 8 Euro

**Muskelschrott**

Ein autobiografischer Roman aus der Arbeitswelt des Bergbaus und vom Sport.

240 Seiten - 12 Euro
Büchergilde Gutenberg

**Nimm dein Fahrrad und hau ab**

Der Roman einer Fahrradreise um 7 Länder Europas zu erfahren -

124 Seiten - 9,95 Euro
Verlag die Schatzkiste
ISBN: 3-935877-24-2

**Sprung ins Kreuz**

Ein Buch von Lebensmut und Freundschaft - Illustrierte Ausgabe -

128 Seiten - 7,95 Euro
Schroedel-Verlag
ISBN 978-3-507-47072-9

**Nordrhein-Westfalen**

Johannes Rau, Jürgen Lodemann, Herbert Somplatzki - mit 220 Fotos von Jörg Hoffmann..
Geschichten und Ansichten zur Historie des größten deutschen Bundeslandes.

Verlag C. J. Bucher
160 Seiten - 15 Euro

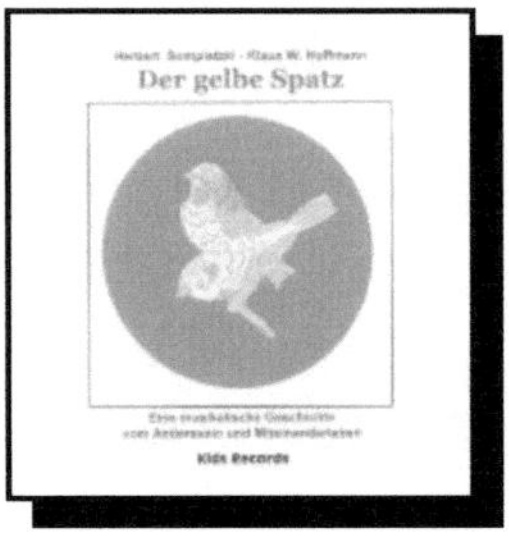


## Der gelbe Spatz

Klaus W. Hoffmann - Herbert Somplatzki.
Ein musikalisches Hörbuch für Kinder und Eltern.

Länge: 45 Minuten - 9 Euro
Verlag **Kids record**

## WortMusik

Ein musikliterarisches Hörstück.
Literatur: Herbert Somplatzki
Musik: Theo Jörgensmann/Eckard Koltermann -
Rezitation: Helena Rüegg/Rupert J. Seidl.
Länge: 50 Minuten - 10 Euro

In Vorbereitung: **Anthrazitmuseum -** eine CD

## Anthrazitmuseum

**Gesang von den schwarzen Diamanten**

Eine literarisch-musikalische Erinnerung

**Literatur: Herbert Somplatzki**
**Musik: Eckard Koltermann**